张 权 ◇ 著

象由心生
境由心造

心理咨询理论与实践

IMAGE AND MOOD ORIGINATE
FROM THE MIND

THEORY AND PRACTICE OF
PSYCHOLOGICAL COUNSELING

ZHEJIANG UNIVERSITY PRESS
浙江大学出版社
·杭州·

图书在版编目(CIP)数据

象由心生　境由心造:心理咨询理论与实践 / 张权
著. —杭州 : 浙江大学出版社,2023.6
　ISBN 978-7-308-24091-8

Ⅰ.①象… Ⅱ.①张… Ⅲ.①犯罪心理学—研究
Ⅳ.①D917.2

中国国家版本馆 CIP 数据核字(2023)第 150636 号

象由心生　境由心造:心理咨询理论与实践

张　权　著

责任编辑	陈佩钰	
文字编辑	葛　超	
责任校对	许艺涛	
封面设计	雷建军	
出版发行	浙江大学出版社	
	(杭州市天目山路 148 号　邮政编码 310007)	
	(网址:http://www.zjupress.com)	
排　　版	杭州晨特广告有限公司	
印　　刷	浙江新华数码印务有限公司	
开　　本	710mm×1000mm　1/16	
印　　张	15.25	
字　　数	160 千	
版 印 次	2023 年 6 月第 1 版　2023 年 6 月第 1 次印刷	
书　　号	ISBN 978-7-308-24091-8	
定　　价	69.00 元	

"为学日益，为道日损"与心理咨询

古人云："为学日益，为道日损"，意思是说，求知识、做学问是人们不断累积学识和增长才干的过程；而求智慧、得真知则是人们减少贪嗔痴的内心欲望和明心见性的心路历程。

心理咨询是咨询师与来访者通过面对面的沟通，实现双向互动的一种活动，其目的是帮助来访者解除心理困惑。为了达到此目的，心理咨询师就需要学习心理学的理论知识，掌握心理咨询的技能和方法。知识和技能的积累，既是心理咨询师"昨夜西风凋碧树，独上高楼，望尽天涯路"的勤读苦学的过程，也是心理咨询师理论联系实际，学用结合、学以致用的历程，说到底，就是心理咨询师"为学"的过程。

大致说来，一个有资质的心理咨询师，需要精通的心理学知识和技能主要有以下几个方面：一是心理学的基础知识，包括普通心理学、发展心理学、社会心理学、变态心理学、心理测量学和咨询心理学等的知识；二是心理访谈的基本技能,如咨访关系的构建技能、面谈技能和心理测量技能等;三是心理咨询的专业技术,如精神动力性分析、人本主义、意象对话、沙盘游戏等专业技术。在心理咨询活动中,从了解掌握心理学的基础知识,到以接纳、共情和积极关注的态度建立咨访关系,再到咨询活动深入进行的全过程,都是心理咨询师学习、学习、再学习,实践、实践、再实践的"为学"历练。在这一过程中,每一种治疗技术的运用,每一项矫正手段的实施,每一步矫正目标的实现,都离不开心理咨询师的勤学苦练和悉心钻研。尤其要紧的是,咨询师对于知识和技能的运用,不能墨守成规,而要设变致权,随机应变。

譬如说,面对一个具有自伤、自杀举动的来访者,心理咨询师一方面要以接纳、共情和积极关注的态度,通过换位思考的关切、细心的观察和良好的倾听,通过对来访者的信任及选择性的正面关注,让对方获得安全感和温暖感,通过提高对方的自尊和自信,加强彼此信任,建立稳固的咨访关系;另一方面,咨询师还要依据来访者的实际情况,作出缜密的研判。自伤、自杀的行为,有的源于顽固的对抗行为,有的起因于偏执的人格障碍,有的是成瘾性物质(如海洛因、吗啡等毒品)刺激下的副作用,有的是抑郁症或抑郁性神经症的症状,还有的则是严重精神障碍导致的妄想性冲动。面对种种复杂情形,心理咨询师在作出判断时,不能有丝毫的懈怠之心,更不能臆想猜测,否则可能造成无法挽回的严重后果。

再譬如,在进行房树人心理测验的时候,来访者描绘的房子,如果添画烟囱,可能意味着他的家庭不和或家族内部存在矛盾;也可能表明他的攻击性或某些不良习惯。这就需要咨询师依据所掌握的知识,凭借丰富的经验,结合来访者的实际情形加以细致辨别。同样道理,在进行意象对话咨询与治疗时,对来访者呈现的"蛇"意象进行分析时,也要仔细区分。"蛇"既可以表示性,也可以表示与性无关的伤害、欺骗或诱惑,表示憎恶、仇恨或把人拖向黑暗和堕落;另外,"蛇"也可以代表智慧,代表着"一种深入人内心深处的智慧、深刻的直觉智慧"。来访者究竟属于哪种情况,咨询师一定要悉心分析,切忌张冠李戴,弄巧成拙。

心理咨询师"为道"的过程,是一个不断增进自身心理健康,提高自身修养的过程。如果说"为学"是心理咨询师入门的初级阶段,那么"为道"则是心理咨询师晋级的中高级阶段。在这个阶段,心理咨询师要通过"损而又损"的不断修炼,以"衣带渐宽终不悔,为伊消得人憔悴"的精神,"学有所悟,学有所得",最终在艰苦的学习和实践中"领悟真谛",达到一个"众里寻他千百度,蓦然回首,那人却在灯火阑珊处"的至高境界。

有这样一个故事,或许能从一个侧面诠释"为道"的道理。曾经有一个万贯家财的富翁,整天忙得不可开交,还常常为了生意上的事寝食难安,忧愁不断。他家的隔壁住着一对靠做豆腐为生的穷夫妇,尽管家境清寒,夫妇俩却从早到晚,有唱有笑,做豆腐、卖豆腐,忙得不亦乐乎。富翁觉得非常奇怪,便向家里的一位账房先生请教,账房先生跟他说:"老爷,你不必多想,隔墙扔几锭银子过去便知道答案了。"于是,富人趁着夜高天黑,将50两银子扔进了隔壁的豆腐店。第二天,卖豆腐的夫妇俩拾到了这笔从天而降的财宝,欣喜若狂,一边忙着埋藏银子,一边又想着怎么花银子,同时,他们又担心银子被别人偷走,结果搞得日夜不安。自那以后,隔壁的富翁就再也听不到往日的欢歌笑语了。此时,富翁才恍然大悟:"原来我不快活,都是银子惹的祸啊!"

在这个故事中,富翁的幡然醒悟,说到底,就是"为道"的思悟和清醒。当然,心理咨询师"为道"的过程,远比故事中的富翁要艰难得多,需要有无所畏惧的自我牺牲精神,没有这样的精神和勇气,"为道"只能是空中楼阁,只能是"水中月、镜中花",不但无法实现助人自助的良好愿望,而且还会有危及自身安全的危险,落到一个损己不利人的窘境里。

总之,心理咨询师的自我成长过程,是抱着"为学日益"的态度,在不断积累心理学知识和技能的基础上,怀揣"为道日损"的不懈追求,持续地自我分析、自我洗涤、自我升华和自我顿悟的艰辛历程。唯有如此的历练,咨询师才能最终达到"损之又损,以至于无为。无为而无不为"的境界,才能最终成为一名合格的心理咨询师。

与各位同道共勉。是为序。

张 权

2023 年 2 月 28 日于杭州

前言

　　在监狱、看守所等监管场所,心理咨询师对服刑人员提供的心理咨询是一种特殊形式的咨询活动,通常称为心理矫治。具体而言,心理矫治是指监狱心理矫治专业人员和社会心理学工作者运用心理学的原理、技术和方法,了解罪犯心理状况,帮助罪犯调节不良情绪,改变不合理认知,预防、改善和消除心理问题,矫治犯罪心理,促进心理健康的活动。

　　心理咨询与心理矫治作为一种特殊形式的教育改造活动,是新时代监狱事业不断发展进步不可或缺的重要工作。刑罚执行的最终目的,是促使罪犯重新社会化,使之实现人生观、世界观和价值观的重大转变,使之成为自食其力的社会主义劳动者。心理咨询与心理矫治工作的不断深入与推进,有力彰显了新时代监狱教育改造罪犯的科学化水平,助力刑罚执行的终极目标得以实现。

　　心理咨询与心理矫治作为一种特殊形式的教育改造活动,是一项专业性很强的工作,涉及心理咨询的众多理论与技术方法。本书分为理论篇与实务篇,理论篇介绍的理论与技术方法主要包括两大类,著者分别称之为心理咨询基本技术及心理咨询专业技术,前者包括参与性技术与影响性技术,后者主要包括精神分析理论背景下的经典精神分析、意象对话、房树人

1

测验和沙盘游戏治疗技术,以及中华优秀传统文化思想指导下的叙事明理技术。这两大类技术方法均是著者在心理咨询与心理矫治的临床实践中,惯常使用的、行之有效的方法与技术。

　　心理咨询与心理矫治作为专业性要求很高的教育活动,是一项需要专业人员进行长期大量的临床实践历练与学习才可以娴熟掌握的技能活动。本书的实务篇由若干心理咨询活动的案例汇编而成,是著者在长期从事罪犯心理咨询与心理矫治工作的过程中,经年积累的咨询案例资料,这些案例实录展示了著者运用心理咨询理论,创造性开展咨询活动的情况,具有一定的新颖性和独特性;这些案例实录,从质性研究的视角,探寻了阻碍罪犯思想和心理健康发展的关键因素,揭示了犯罪人的犯因性心理因素,具有一定的学术价值。因此,这些案例实录,为有志于从事罪犯心理咨询与心理矫治工作的专业人员提供了些许可以参考借鉴的范例,对于提高他们的专业实践技能或许有所裨益。当然,我更愿意请各位同道朋友将这些案例用作批评和评论的资料,以起抛砖引玉之效用。

　　本书遵循理论与实践相结合的原则,对心理咨询与心理矫治的理论及实务展开著述。在本书著述的心理咨询案例中,梦、房树人、沙盘等的意象及情境,皆为来访者内心真实世界的客观表露,即所谓"象由心生,境由心造"。不良家庭教养情境与关爱的缺失是造成来访者心理问题及走上违法犯罪道路的根源,本书取名"象由心生　境由心造:心理咨询理论与实践",寓意心理咨询师的工作,在于帮助来访者重构内心"养育情境"的图式,获得内心温暖积极的"关爱意象",在于帮助来访者用心自助,通过"造境易

2

心，生象触心"，实现人生的重大涅槃。

　　本书可供心理学相关专业研究人员、监狱与戒毒所民警、社区矫正工作人员、社会工作者、高校相关专业学生等人员阅读参考。

　　在本书的撰写过程中，著者深感自己才疏学浅、力所不逮。著述中的谬误之处，敬祈大家提出宝贵的意见与建议，不胜感激！

张　权

2023 年 2 月 28 日于杭州

Contents

目 录

理论篇·心理咨询理论与技术

1

实务篇·心理咨询案例

理论篇·心理咨询理论与技术

第一章　心理咨询基本技术

心理咨询起源于 1896 年赖特纳·韦特默(Lightner Witmer,1867—1956)出版的《临床心理学》。[①] 2001 年 8 月,劳动和社会保障部颁布了《心理咨询师国家职业标准(试行)》,规定:"心理咨询师是运用心理学以及相关知识,遵循心理学原则,通过心理咨询的技术与方法,帮助来访者解决心理问题的专业人员。"自此,从事心理咨询的心理学专业人员——心理咨询师,在我国成为一种国家认可的社会职业。

在监狱、看守所等监管场所,心理咨询师对服刑人员提供的心理咨询

[①] 中国就业培训技术指导中心、中国心理卫生协会:《国家职业资格培训教程·心理咨询师(三级)》,民族出版社 2012 年版,第 416 页。

是一种特殊形式的咨询活动,通常称为心理矫治。① 在心理咨询与心理矫治的临床实践过程中,心理咨询师遵循心理学的基本原则,开展心理咨询与心理矫治工作。运用的心理咨询技术一般可分为两大类:一类是通用的心理咨询基本技术,②另一类是各种心理学理论背景下的心理咨询专业技术。前者包括诸如参与性技术与影响性技术;后者包括诸如精神分析、人本主义、认知行为等理论背景下的一系列技术。本章主要讨论两类心理咨询基本技术。

第一节　参与性技术

参与性技术包括倾听、提问、鼓励、重复、观察等。

---

① 根据司法部监狱管理局〔2009〕司狱字 28 号《关于加强监狱心理矫治工作的指导意见》的文件精神,心理矫治是监狱心理矫治专业人员和社会心理学工作者运用心理学的原理、技术和方法,了解罪犯心理状况,帮助罪犯调节不良情绪,改变不合理认知,预防、改善和消除心理问题,矫治犯罪心理,促进心理健康的活动。本书认为,心理矫治与心理咨询的不同之处,主要在于心理矫治增加了对服刑人员犯罪心理进行干预的工作内容。为行文方便,在本书中"心理咨询"与"心理矫治"有时互为换用,大部分情况下,较少涉及犯罪心理干预内容的,称"心理咨询",反之,称"心理矫治"。

② 本书所称"心理咨询基本技术",是指不论何种心理流派的心理咨询师,在心理咨询的过程中通常都要使用的、通用的咨询技术。与之相对应,心理学理论背景下的心理咨询技术,本书称之为"心理咨询专业技术"。

一、倾听技术

倾听是指心理咨询师在对来访者①充分接纳的基础上,通过自己言语和非言语的关注行为,向来访者传达信息,以促进其深入地自我开放和自我探索的过程。倾听的过程,是心理咨询师主动引导、积极思考、厘清问题、参与咨询活动的过程。

在心理咨询的实践活动中,"听比说更重要"是业界的共识。倾听是每位心理咨询师的基本功,不会倾听就无法开展心理咨询活动。当然,如何进行倾听,如何善于倾听,甚至于达到炉火纯青的倾听境界,则是智者见智、仁者见仁,虽有一些可供借鉴的思想和原则,却并没有标准的范式。倾听包括非指导性倾听和指导性倾听。

(一)非指导性倾听

非指导性倾听是让来访者掌握主动权,心理咨询师仅以非言语行为或非指导性的少量语言关注来访者、鼓励来访者自由叙述的一种倾听技术。主要有"非言语行为的倾听"和"非指导性的言语倾听"两种。

1.非言语行为的倾听,是指心理咨询师以面部表情、目光接触、身段语言(含人际距离)等因素为影响内容的倾听。

---

① 心理矫治工作者通常是具有国家心理咨询师资格的监狱人民警察,心理矫治的工作对象是罪犯(服刑人员)。为叙述方便,在本书中,除了一些案例表述等情形之外,心理咨询或心理矫治的工作者称"心理咨询师"或"咨询师",心理咨询或心理矫治的工作对象称"来访者"。

心理咨询师专注的面部表情、目光接触、身段语言和适当的面谈距离，常常构成有效的倾听。人们可以在言语上伪装自己，却难以掩饰非言语行为透露的真实想法。心理咨询师是否真诚地投入倾听，是否对来访者进行无条件接纳的倾听，往往透过微小的身体语言，就能让大多数来访者敏锐地捕捉到。

心理咨询师的面部表情应当是自然、专注和关心的，应当是与来访者情绪情感协调一致的，一皱眉一微笑都应当是恰如其分的。对于特别敏感的来访者，如心理咨询师出现了不恰当的面部表情表达时，可以及时向对方作出解释。比如说，"你刚才可能注意到我有一次皱眉，那是我正在纳闷你的父母亲……"等，让来访者觉得你的倾听态度真诚。

心理咨询师的目光接触要适度、灵活。一般宜与来访者保持在同一高度，且不宜久视。居高临下的目光接触，会让来访者感到压抑和难以自我开放。过度的目光接触，同样会让来访者感到透不过气来，尤其是遇到有抑郁情绪或愤怒情绪的来访者。具有抑郁情绪的来访者会表现得更低沉甚至沉默，具有愤怒情绪的来访者可能会产生抵触心理。

心理咨询师的身段语言，包括手势和身体的姿势，可以传达肯定或否定、接纳或拒绝、开放或封闭等丰富的信息。心理咨询师积极的身段语言一般包括：略微前倾的身体、放松而专注的姿势、无多余动作、适时呼应性的点头、一臂远的距离、开放性的手脚姿势等。

一般而言，心理咨询师应当避免的非言语信息包括：较少（或较多）的目光接触、身体后倾、跷二郎腿、双臂合抱于胸、转身45度角、耸肩、双手外摊、摇头、摆手、远离等。

2.非指导性的言语倾听,是心理咨询师以简短接话、副语言、沉默等因素为影响内容的倾听。

善于倾听,还要有适当的参与,进行适当的反应。否则来访者的叙说就无法连续进行。简短接话是最简单的参与活动,也是最简单的非指导性言语倾听技术,比如"噢""后来呢""接着怎样""是的""嗯""请接下去说"等。简短的接话,表明心理咨询师正认真倾听,大多数情况下,能很好地鼓励来访者继续往下叙说。

副语言是指心理咨询师说话时的语音、语调、语气、语速、节奏等声音的效果。"有研究表明,在面对面的信息沟通中,有 38% 的效果来自副语言的沟通。"①心理咨询师真诚、关切、柔和、有力、鼓励性的副语言,无疑是促使来访者更好诉说的催化剂,也是保证心理咨询师得到正确倾听内容的关键因素。

沉默,是面谈过程中会话的暂时中断现象。既有来访者的沉默,也有心理咨询师特意使用的沉默。沉默具有双重效应,它虽使交流变得不够流畅甚至使倾听中断,但有时它能起到厘清、鼓励或安抚的作用,正所谓"清静为天下正"。② 来访者的沉默,可能是因心理咨询过程中产生阻抗现象而产生的,也可能是因心理咨询师的提问引发来访者的思考而导致的。对

---

① 马志国:《心理咨询师实用技术》,中国水利水电出版社 2005 年版,第 151 页。
② 卫广来译注:《老子》,山西古籍出版社 2003 年版,第 66 页。

于阻抗性的沉默,要由心理咨询师深入分析来访者的原因"对症下药",采用有效的提问策略因势利导;而考虑性的沉默,则可能是咨询过程中转折的契机,如果其能被心理咨询师所洞察与把握,则可能取得事半功倍的咨询效果。心理咨询师有意为之的沉默,多半是为了给来访者提供一个厘清思路的机会,有时也可能是启发或鼓励来访者,促使其自我分析,通常具有积极作用。这种沉默用之妥帖,不失为一种有效的、非指导性的言语倾听策略。

(二)指导性倾听

指导性倾听是指心理咨询师给予来访者建议或指导,引导来访者关注其问题实质的一种倾听技术。在这一过程中,心理咨询师要充分理解来访者在叙述过程中所传达的内容、思想和情感,以包容接纳的态度,把自己放在来访者的位置上,运用科学的立场深入思考,鼓励来访者宣泄,帮助其澄清自己的问题,厘清问题的起因、发展和变化的全过程。指导性的倾听反应,包括内容反应、情感反应、具体化、小结等一系列子技术。

1.内容反应。内容反应又称为释义,是指在倾听过程中,心理咨询师把来访者的主要言谈、思想,加以综合整理与概括后,再简短地反馈给对方。内容反应向来访者表明心理咨询师正在用心倾听,并理解了他的意思;同时,可以使来访者有机会再次剖析自己的困扰,重组零散的事件,厘清因果关系,有助于把话题引向重要的方向。

2.情感反应。情感反应是指在倾听过程中,心理咨询师把来访者的言

语与非言语行为中包含的情感因素加以整理之后,反馈给对方。向来访者
传递"我正确理解了你的感受,体会了你的情感"的信息。情感反应协助来
访者觉察、体会和接纳自己的感受,促使其重新找回自己的感觉。内容反
应与情感反应相结合,就是初级通情达理。

因为人的情感表达常常是复杂的,有时候还有非言语性的情感表达,
因此情感反应成为一项较难掌握的咨询技术,这就需要心理咨询师在实践
中进行反复的训练,积累经验,加以提高。以下为一谈话片断(片断1-1):

心理咨询师:你父母亲呢?

来访者:我的父母亲经常争吵,甚至打架。有时他们还打我,拿我当出
气筒。

心理咨询师:你的父母亲不但经常吵架,而且还会打你。(内容反应)

来访者:是的,我自小就感觉不到家庭的温暖。后来我就离家到外面
与伙伴一起"闯荡"。每当想起这些,总让我感到无奈和气愤!

心理咨询师:你因体验不到家庭温暖就离家出走,你为此感到恼怒,
是这样吗?(情感反应)

来访者:是的。

心理咨询师:与伙伴在一起时你会有怎样的感觉呢?

来访者:与伙伴相处时,虽然经常是饥一顿饱一顿的,但心情还好。因
为听不到父母的争吵声,也不用担心被打。

心理咨询师:与伙伴相处,虽然生活艰苦,但还算开心,因为似乎有了

一个可以依靠的"家"。（初级通情达理）

　　来访者：是这样的。但这样的日子也不是我所希望的。

　　心理咨询师：嗯。

　　来访者：为了吃得好，后来我们就去偷。

　　在以上谈话片断中，心理咨询师运用内容反应、情感反应和初级通情达理等子技术，初步了解到来访者处在一个暴力和非温馨的家庭生活环境，理解了来访者寻找伙伴的心理动因，即满足温暖和归属感的内心需要。

　　3.具体化。具体化技术也称澄清技术，是心理咨询师对于来访者模糊不清的、过分概括化的、矛盾的思想、情感或事件进行梳理的过程。具体化技术也是一项基本的咨询技术，其根本目的是协助来访者更清楚、具体地认识问题，明了事情真相。

　　应用具体化技术予以澄清时，常常采用层层"剥笋"的方法，通过深入解析，由表及里，找出问题的症结所在。如果来访者有多个含糊不清的问题，心理咨询师应选择最关键的某一个问题进行具体化。通过具体化技术，不但要使来访者澄清问题，更要让其明白自己的思维方式是怎样影响自己情绪和行为的。以下为谈话片断举例（片断1-2）：

　　心理咨询师：你父母亲的关系不好，能详细说说吗？（具体化）

　　来访者：他们经常吵架、闹离婚。我妈妈脾气还算好，她平时说话不多，也从不打我；我爸爸性格暴躁，他喜欢打牌，输了钱，回家就喝酒、打人，他不但打我而且还会打妈妈。

在这一对话中,心理咨询师运用具体化技术,获得了来访者丰富的家庭信息,包括其父母关系和亲子关系,以及父亲和母亲的性格特征等情况。

4.小结。小结是指心理咨询师把来访者的会谈内容、情感及相互的关系,加以归纳整理后,以简明扼要的语言,反馈给来访者,帮助来访者厘清头绪。小结类似于前述的内容反应和情感反应,只是它的时间跨度更长、更系统,是对来访者一段时间之内的内容和情感活动及相互关系的归纳和提炼。小结一般可在咨询活动开展一小段时间之后,当来访者理不清头绪时进行,也可以在转换谈话主题时进行,还可以在某一次面谈结束或开始时进行。

二、提问技术

提问技术,是指心理咨询师主动向来访者提出问题,并让其回答的一种技术。这是心理咨询师需要不断体会和反复实践的基本功。咨询过程中的提问,目的是通过设问澄清基本事实。通常,提问可分为封闭式提问、开放式提问两种类型。

(一)封闭式提问

封闭式提问是减少或控制来访者谈话的一种技术,是可以用"肯定"或"否定"回答的提问。对于这类提问,通常使用"是不是""要不要""有没有"

"可不可以"等词语,而回答也是"是""否"式的简单答案。

想获得来访者的具体而确定的信息时,或遇来访者的叙述偏离正题时,使用这类提问非常管用。它能缩小谈话的范围,快速澄清问题。需要注意的是,封闭式提问不宜过多地使用,否则会压制来访者自我表达的愿望,严重时还会使来访者产生被讯问感而出现沉默不语。另外,对于暗示性较高,对自己问题把握不准的来访者,封闭式提问易产生误导,应慎用。

(二)开放式提问

在开放式提问中,来访者可以相对自由地确定回答的内容和方向,有利于促进来访者自主的言语表达,也有利于心理咨询师获取更多的信息资料。

这类提问,通常使用"什么""怎么样""如何""愿不愿""为什么"等词来发问,能让来访者就有关事实展开详细的解说。"什么"型和"怎么样"型的提问往往涉及某些事实的详实细节,目的是获得具体的信息资料。"如何"型的提问则常常涉及某一事实的详细过程。"愿不愿""能不能"型的提问,能促使来访者进行自我剖析。"为什么"型的提问,是一种探究事情原因的开放式的提问,它与一般的开放式提问的不同之处,在于它不仅着眼于对事实的了解,而且帮助来访者探寻事实背后的行为动机,以便帮助其厘清事情的原委,找到解决问题的有效办法。

封闭式提问与开放式提问各有所长,面谈中常常两者结合使用。提问时,语气要平和、态度要真诚,不能给来访者以被审问或被剖析的感觉。对于一些特别敏感的问题,要注意来访者的接受程度,不宜表现出不当的兴趣。提问时,还要正确引导谈话的方向,提问要紧紧围绕来访者的问题,围绕来访者的咨询目的。以下为谈话片断举例(片断1-3):

心理咨询师:你的爸爸和妈妈在学习上对你有什么要求?(开放式提问)

来访者:我爸爸常年在外地出差,没有太多的时间关注我的学习。妈妈在生活上很照顾我,在学习上对我也抓得很严。

心理咨询师:妈妈对你的学习要求很高?(封闭式提问)

来访者:是的。

心理咨询师:她要求你每次考试都能名列班级前茅,是这样吗?(封闭式提问)

来访者:是的。

……

心理咨询师:你妈妈对你的学习要求确实很高。你愿不愿意谈谈你当时的感受?(开放式提问)

来访者:我时常觉得无法承受。有时我会有一种精神崩溃的感觉,有几次我都有上前打人的冲动。

心理咨询师:你为什么会有这种冲动的感觉呢?(开放式提问)

来访者:是啊,我为什么会这样呢?或许是我青春期的叛逆心理和母亲的严厉两者相互碰撞而产生的"烈火"在作怪吧!

心理咨询师：你恨你母亲？（封闭式提问）

来访者：是的，我恨她！

　　此谈话片断中的来访者，因一时冲动和愤怒，将母亲杀害而被判入狱。通过开放式提问和封闭式提问的交替使用，心理咨询师了解到来访者的父母亲对他学习所持的态度，以及来访者对母亲所持的情感与态度。

　　在使用提问技术时，一是不要作价值评判，不要批评与指责来访者。如上述谈话（片断 1-3）中，当来访者说"有几次我都有上前打人的冲动"时，咨询师并没有对来访者的这种想法提出批评，而是就事论事与其讨论这种冲动背后的原因。二是要尽量在倾听的基础上进行提问，尽量减少主动性提问的次数，以避免来访者出现被压迫感。三是提问要尽可能站在来访者的角度，从其讲述的话题中去寻找话题，也即虽然提问是咨询师发起的，但要让来访者感到是他自己掌握了谈话的主题与方向。如上述谈话（片断 1-3）中，当来访者回应"在学习上对我也抓得很严"时，咨询师及时对来访者话题中的"学习严"进行了提问，随即说道："妈妈对你的学习要求很高？"四是在来访者回答问题时，咨询师要特别注意他们的情绪与情感，要特别引导来访者说出与提问相关的事件及其感受，避免高度理性化的回应。如上述谈话（片断 1-3）中，心理咨询师对来访者的提问"你妈妈对你的学习要求确实很高。你愿不愿意谈谈你当时的感受呢？"，目的就是启发来访者说出其伴随的情绪与情感。

三、鼓励技术

鼓励技术是心理咨询师通过言语或非言语的信息,促使来访者在咨询活动过程中进行主动的自我探索和自我觉察,常与非指导性的言语倾听技术结合使用,以简短接话、副语言等方式鼓励来访者,以便咨询活动能深入进行。鼓励技术有两项功能:一是促使来访者陈述与表达;二是心理咨询师可以利用鼓励技术促使来访者就某一话题进行深入探索。以下为一谈话片断(片断1-4):

来访者:我8个月大时,父母就外出打工,父母把我交由奶奶一人抚养。

心理咨询师:嗯。(咨询师以关切的语气)(鼓励技术)

来访者:我读小学二年级时,弟弟出生了。父母依旧外出打工,弟弟也交由奶奶抚养。我们三人一起生活,直到小学毕业。

心理咨询师:还有呢?(鼓励技术)

来访者:我读小学时,在学校时常感到孤独、寂寞,害怕同学贬低我,说我坏话。

心理咨询师:请接着讲。(鼓励技术)

来访者:初中时我住校,时常会感到心情不好,有时还会有自杀的念头;不过,每当父亲来看望自己的时候,或每次周末回家时,我就感到特别开心。

心理咨询师:你说你曾经有过自杀的想法。能讲讲吗?(鼓励技术)

来访者:是的,有一次,我独自一人在寝室,感到非常无聊,有一种莫名的痛苦,当时就想着从楼上跳下去。

四、重复技术

重复技术是指咨询师对来访者所表达的含糊的、矛盾的内容和表述过的意思加以复述或转述,目的是使来访者对自己所表述的某些内容予以重点关注。在使用重复技术时,心理咨询师一般要使用数量上更少的、与来访者表述内容意思相近的、更合理的词来复述,使它们能更清晰地反映来访者的本意。以下为一谈话片断(片断1-5):

心理咨询师:你的爸爸和妈妈在学习上对你有什么要求?(开放式提问)

来访者:初中一年级时,我在语文课的期末考试中取得了96分的好成绩。当我把成绩单拿给奶奶看时,奶奶表扬我很棒,我觉得非常开心。但当我把成绩单拿给妈妈看时,妈妈只是瞥了一眼,淡淡地"嗯"了一下,当时我感到很难过,就回到房间独自哭泣。

心理咨询师:你考试取得了好成绩,奶奶鼓励你,而妈妈却无动于衷,你为此感到失望,并深受打击。(重复技术)

来访者:是的,我感觉很失落,感到很心灰意冷,从此也对学习失去了兴趣。我的各科成绩从此慢慢下滑。爸爸每次喝醉酒就拿我的成绩说事。

有一次,当我端着一碗面给爸爸吃时,他骂道:"滚,我再也不想看到你!"这句话让我刻骨铭心,也让我感觉万分的痛苦。

五、观察技术

观察技术是一种对来访者非言语行为的理解与把握的技术。培养和掌握良好的观察技术,是心理咨询师的一项基本功。通过细心的观察,获得来访者的体态语言所表露的信息,有助于咨询师更全面、客观地了解来访者的内心世界,准确把握其内心的冲突;同时,也有助于咨询师更好地表达对来访者的理解,准确表达共情。

心理咨询师观察来访者的体态语言方面的信息,主要观察其目光、表情、姿势、各种不经意的动作等表露的信息,从中察觉其焦虑、抑郁、恐慌、疑惑、喜悦等情绪状态。当然,这种观察不是片面的,而是要综合考虑来访者的体态语言方面的动作表现,观察来访者在某种情境下的动作群:一连串相互配合的动作、表情或姿势。

来访者或许能在言语上掩饰自己,但身体姿势等体态语言经常会暴露其内心深藏的秘密。根据笔者的临床经验,注意观察来访者的体态语言,可以更准确地了解其深层的思想动机,比如来访者落座时,只坐了椅子座位外部的一半区域,表明来访者谨小慎微或紧张焦虑的心态;来访者双臂或双腿交叉的姿势,表示戒备心过强或有愤怒、傲慢的情绪;来访者说话时不停地摸鼻子,则表明来访者正在说谎或者有强烈的掩饰动机;来访者说话时不时皱眉，表明来访者有愤怒或焦虑不安的心情。

有时来访者的言语性信息与心理咨询师所观察到的体态语言信息不尽一致。咨询师分析这种不一致性，往往可以发现来访者的内心矛盾，找到其心理问题的根源，有助于咨询活动的深入进行。

第二节　影响性技术

影响性技术包括表达、解释、面质、指导、自我开放等各项技术。

一、表达技术

表达技术主要有内容表达和情感表达。内容表达是咨询师向来访者传递信息、进行反馈、表达自己的态度和意见的技术。比如说"我希望你能体味一下我刚才说的那一番话，如果你能体会到什么或者采取一些行动，我相信对你会很有好处的"，内容表达时措辞宜和缓。

情感表达是心理咨询师向来访者表达自己的喜怒哀乐等情绪和情感状况。情感表达既可以针对来访者，比如"我觉得你的自尊心很强"，也可以针对自己或其他的人和事，比如，"良好的人际互动能够创造一个相互帮助、相互支持的和谐人际氛围，促进人与人之间的友好相处。你和你的同伴在一起，能互帮互助，我为此感到高兴"。情感表达时，所表达的内容应有助于来访者叙述,而不是为了满足心理咨询师自己的情感表达欲望。

需要特别指出的是,内容表达、情感表达与内容反应、情感反应不同,内容反应、情感反应是心理咨询师陈述来访者的所言所行,而内容表达、情感表达则是咨询师叙述自己的情感体验。内容表达和情感表达比内容反应和情感反应更主动、更直接,因此也就更具有影响力。

二、解释技术

解释技术是心理咨询师运用有关理论和生活经验,对来访者的思想、情感和行为的原因进行解析说明,从而使来访者提高认识,产生领悟,促进来访者转变。这种解释技术,著者称之为一般解释技术,有别于精神动力性的解释技术(详细内容参见第二章第一节"经典精神分析"的治疗技术)。

解释技术(见片断 1-7)是面谈过程中较为复杂的一项技术,是一项创造性的工作。心理咨询师在运用解释技术时,要站在理论的高度,以理论联系实际的态度,给予系统的分析说明,切忌肤浅、模糊、乏力,没有说服力。解释要充分考虑到来访者心理个性特征、文化程度、领悟能力等各种因素。解释时要选取适当的时机,既不能在对来访者的情况把握不准时匆忙进行,也不能在来访者还没有心理承受力时进行。解释还要有利于来访者问题的解决和自我成长,不能把来访者不认可的解释强加在其头上。

三、面质技术

面质技术又称面对技术,是心理咨询师指出来访者身上存在的矛盾之处,促使来访者认清自己的短处,了解自己的潜能,从而获得领悟并化解内心的矛盾、产生改变。面质既是咨询过程的必要一环,又是需要审慎处理的环节。

　　一方面,面质技术要和支持技术(如通情达理、情感反应等技术)结合起来使用,如在面质开始前通过某种手段与来访者取得良好关系,这是面质取得成效的关键因素。另一方面,面质不能无缘无故进行,一定要有事实依据,只有以事实为根据的面质,才能使来访者心悦诚服,才能促使其深入地自我反思与领悟。为减少面质对来访者造成的负面影响,必要时还可运用尝试性面质,比如,使用"好像""似乎"等表述,让来访者在如沐春风的氛围中愉快地接受心理咨询师的面质。以下为谈话片断举例(片断1-6):

　　来访者:近几天来,我睡眠一直不好,每晚只能睡两三个小时。

　　心理咨询师:躺下之后,一直都无法入睡?

　　来访者:熄灯后,我总是辗转反侧,好久才能入睡。

　　心理咨询师:睡后不久又要醒来?

　　来访者:就是这样的,之后就一夜无眠。

　　心理咨询师:失眠会使人产生烦躁不安的感觉。这种感受我也曾经有过。(通情达理、自我开放)

　　来访者:确实让我感到挺难受的。

　　心理咨询师:失眠往往与日常生活中令人烦心的困扰有关。

　　来访者:好像也说不上有什么烦心的事情,但每次遇到警官,我都有一种紧张感。

　　心理咨询师:一种莫名的紧张感,但又无法用言语表达。(通情达理)

　　来访者:正是这样的感觉。

　　心理咨询师:在我面前你有同样的感觉吗?

　　来访者:没有。在你面前,我觉得很放松、很自然、很安全,就像回到了自己的家,回到了亲人的身边。

　　心理咨询师:可我似乎觉得你的双手和双脚一直在颤抖。(面质)

　　来访者:(沉默不语)

　　心理咨询师:你生活在一个温暖幸福的家庭吗?

　　来访者:我能感受到父母对我的爱。虽然父母亲常常在家争吵,但待我都挺好的。

　　心理咨询师:一个争吵的家庭环境,时常会让你感到无所适从或者紧张,是这样吗?

　　来访者:(思索片刻)对,经常会有这样的感觉。

　　此谈话片断中的来访者,虽然父母双方都很爱他,但是这种爱是割裂而非融合的,因此,最终还是促使他离家出走、结交不良同伴而实施盗窃的犯罪行为。在谈话中,心理咨询师运用面质技术,使他认识到失眠、人际紧张与早年家庭环境三者之间的关系;在之后的谈话中,心理咨询师又结合运用其他心理咨询技术,最终使他的睡眠情况得到了改善。

21

四、指导技术

指导是心理咨询师直接地要求来访者做某件事、说某些话或以某种方式行动。如为了消除来访者"其他服刑人员对我都有看法和偏见"的想法，要求来访者向其他服刑人员当面一一了解他们对他的看法。指导技术对来访者有很大的影响力。心理咨询师对来访者进行指导时，有的针对来访者问题的原因展开，如通过层层分析指出来访者的犯因性因素；有的针对思维方式和内容进行，如对来访者"民警偏爱本省籍服刑人员"的片面看法进行纠正；有的针对来访者的心理或行为表现，如对失眠的来访者进行放松训练，对有自卑心理的来访者进行自信训练，对人际交往中有恐惧心理的来访者进行系统脱敏训练，等等。心理咨询师进行指导时，应明确自己对来访者指导的具体内容，应预计指导的效果，叙述也应简洁明了，让来访者真正理解指导的内容；进行指导时，也不要以权威的身份出现，不应强制性要求来访者执行，否则会事与愿违，甚至引起来访者的反感。以下为一则谈话片断（片断1-7）：

心理咨询师：当时你恨你的父亲，是吗？

来访者：是的。

心理咨询师：仇恨心理属于一种情绪反应，属于一种执着于过去、因创伤而引起的心理问题。

来访者：或许正是这种仇恨心理使我走向堕落。

心理咨询师：你年幼时受到的刺激（父亲的体罚责骂）太强烈，而又不能用正常的方法去应对，于是，在内心深处，你便一直留存着想方设法解决这一问题的强烈愿望。换句话说，你一直致力于解决你当时（父亲惩罚）不能解决的问题。（解释）

来访者：我有点明白了。

心理咨询师：在随后的生活中，你用"坏孩子"的形象报复"无情"的父亲，与同伴一起鬼混，沾染了吃喝嫖赌的恶习，但这一切并没有"稀释"你内心的"仇恨能量"。在一次入室盗窃的过程中，由于右手被户主划伤，你控制不住对"仇人"的报复，而向户主连刺 34 刀。从心理分析的角度看，"右手被户主划伤"这一微小的刺激，触动了隐藏在你内心深处的"仇恨情结"，它是你被压抑已久的仇恨情绪总爆发的导火索。（解释）

来访者：那如何才能化解这种"仇恨情结"呢？

心理咨询师：有一个古希腊神话故事或许对你会有启发。海格利斯是一位英雄，他力大无比，疾恶如仇。在一次赶路时，他发现一个口袋似的东西横在路中，便踢了一脚，谁知那东西非但没被踢开，反而膨胀起来。海格利斯于是来了脾气，就狠狠地踩了那东西一脚，那东西不但没被踩破，反而胀得更大。海格利斯气得要命，又找来一根大木棒，朝那东西狠命地打了起来，那玩意你越打，它就胀得越大，后来竟把整条前进的道路都堵了起来。这时，路边来了一个智者，笑着对海格利斯说：这个口袋叫仇恨袋，你不动它，它就小如当初；你若是踢它、踩它，它就没完没了地与你对抗到底，就会永不休止地膨胀，直到挡住你的道路。

来访者：看来，我是碰到了这种仇恨袋。有好的解决办法吗？

心理咨询师：人生道路上，谁都可能会遇到像上述神话中的仇恨袋，明智的做法就是避开它，不去理它，绕它而去，不要受它的纠缠，用理智化解心中的仇恨，这样，它就不会与你过不去了。（指导）

来访者：我懂了。

此谈话片断中的来访者，因入室盗窃、杀人犯罪而被判无期徒刑。在谈话过程中，心理咨询师运用解释和指导等心理咨询技术，与来访者探讨化解仇恨的方法，得到了来访者的认同。

五、自我开放技术

自我开放亦称自我暴露、自我表露，是心理咨询师向来访者讲述自己的情感、思想或经验，与来访者共同分享（见谈话片断1-6）。

自我开放有两种情况：一种是心理咨询师向来访者讲述自己对他的体验和感受，这种讲述和表达可以是正面的，如"与前段时间相比，你在思想和行为上的表现已经有了很大的进步，为此，我感到很高兴"；也可以是负面或带有批评意味的，如"上几次的交谈，好像并没有对你起到多大的作用，是不是另有原因，能谈谈吗？"。另一种自我开放是心理咨询师向来访者陈述或表露自己的经验或喜怒哀乐，如"我也有过像你这样，晚上无法入睡的情况，这通常是由焦虑情绪所导致的"。心理咨询师的自我开放，目的是促进与来访者的关系，促进来访者深入地自我开放。因此，表达时应力求简洁明了,并及时将话题引回到来访者身上。心理咨询师在进行自我开放时,态度应该是真诚的,内容应该是真实的。另外,自我开放的时机选择要及时(尤其对于带有负面信息的自我开放),宜在咨访双方建立牢固的咨询关系以后进行,开放的程度也要恰到好处。

自我开放在面谈中十分重要。自我开放有利于促进咨访双方的关系,能使来访者感到有人为他分忧,同时感受到心理咨询师也有七情六欲,也是一个平凡和普通的人,从而拉近与心理咨询师的心理距离;增进彼此的信任感,对来访者起示范作用,从而促进来访者对自身存在的问题作进一步探讨和进一步的自我开放。

第二章　心理咨询专业技术

　　心理咨询是心理学的专业人员引导和启发来访者解决心理问题的过程。不管是个体心理咨询还是团体心理咨询，所涉及的理论基础基本相同。通常认为，精神分析、人本主义、行为主义和认知心理学四大心理学流派构成心理咨询的基本理论基础。本章主要讨论精神分析、人本主义心理学流派背景之下的理论与技术，主要介绍经典精神分析、意象对话、房树人测验、沙盘游戏及人本主义疗法等理论及其技术。

第一节　经典精神分析

　　精神分析理论体系庞大、内涵丰富。奥地利精神分析学家西格蒙德·弗洛伊德（Sigmund Freud，1856—1939）是精神分析理论的创立者，其后又有很多心理学家继承和发展了他的理论。弗洛伊德创立的精神分析理论被誉为经典精神分析理论。

一、理论内容

经典精神分析理论包括潜意识理论、驱力理论、人格结构理论、人格适应理论和性心理发展阶段理论。大致而言,潜意识理论、性心理发展阶段理论主要是弗洛伊德于 1905 年至 1913 年提出的早期理论,驱力理论、人格结构理论及人格适应理论是 1914 年至 1918 年提出的后期理论。[①]

(一)潜意识理论

潜意识理论亦被称为分域理论。该理论认为,人类的心理活动分为意识(consciousness)、前意识(preconsciousness)和潜意识(unconsciousness)三个部分。意识是个体在清醒时能直接觉察到的心理活动。潜意识是被个体的意识所压制、不能被个体直接觉察到的心理活动,主要包括个体的原始冲动和本能欲望。前意识是意识与潜意识的中介,是曾被个体感知到而由于注意力的转移暂时不被觉察到的心理活动。

潜意识理论从本质上提出了个体心理活动的因果原则:潜意识的心理活动是个体行为的真正原因和动机,个体心理或精神问题的症状特征也与之相关;每一个体心理事件的产生,都由潜意识的心理活动所决定,包括个体在日常生活中的梦、口误、笔误以及在心理病理情形下的各种症状。

---

① 吴宗宪:《犯罪心理学总论》,商务印书馆 2018 年版,第 151－156 页。

（二）驱力理论

驱力理论又称本能理论，该理论认为，本能"源于有机体内部的刺激并表现为一种恒定力量"[①]，是个体行为的内在驱动力量，是人精神活动的能量总源头。本能分为生存本能（eros，life instinct）和死亡本能（thanatos，death instinct）两种，也称生的本能和死的本能。生的本能是一切与生命保存相关的本能，又称力必多（拉丁文为 libido），包括一切追求快乐的行为或情感活动，而不仅指狭义的性行为。死的本能，也称攻击本能，是指从生命的有机状态回到无机状态的倾向，如原始的毁灭他人或自我毁灭的冲动等。

（三）人格结构理论

成年人的人格由本我、自我和超我三个部分组成。第一，本我（id）。它由原始的、与生俱来的本能冲动组成，完全处在无意识状态，其活动受"快乐原则"的支配，寻求无条件的即刻满足，如果受到阻抑就会使个体产生焦虑。第二，自我（ego）。它是与现实环境接触，通过后天的学习，从本我分化出来的人格结构。其活动受"现实原则"的指导，既避免痛苦又能获得满足，具有调节"本我"与外界环境的功能。第三，超我（superego）。超我也称理想自我，它是从自我中发展起来的人格结构，代表个体的良心和道德力量，其活动遵循"道德原则"，其主要作用是按照社会道德标准监督

---

　① 　弗洛伊德：《弗洛伊德文集 3：性学三论与论潜意识》，长春出版社 2010 年版，第 146 页。

自我的行动。超我一旦形成，自我就要同时协调本我、超我和现实等各方面的要求。本我、自我和超我三种结构的作用均衡协调：本我是个体寻求生存的原动力；超我监督主体按社会道德的标准行事；而自我对内调节本我与超我的平衡，对外适应客观环境，这三种力量一旦失衡，则必将导致个体的心理失常。

（四）人格适应理论

该理论主要包括焦虑与心理防御机制两方面的内容。焦虑是冲突引起的结果，是自我的一种功能，当它发现来自外部或内部的危险，就会唤醒自我产生警觉，作出自我保护的反应，即启动心理防御机制来应对各种危险：或阻止本我的冲动，使其不能表现为有意识的行为；或干扰本我的冲动，使其转向或降低强度。这就是精神分析理论中的人格适应理论。

1. 焦虑。根据对自我造成的威胁的来源，焦虑分为神经症性焦虑（neurotic anxiety）、道德性焦虑（moral anxiety）和客体性焦虑（objective anxiety）三种。

（1）神经症性焦虑。即来自本能冲动的威胁，由本我和自我之间的冲突引发的焦虑。当自我的力量不够强大，自我不能控制本我时，个体体验到一种无明确对象的、浮动性的恐惧感。

（2）道德性焦虑。自我受到超我威胁时产生的焦虑，个体体验到羞耻感和罪恶感。

（3）客体性焦虑。又可分为原发的客体性焦虑和继发的客体性焦虑。

原发的客体性焦虑来自外在环境世界真实的危险或威胁性事件,是由明确对象引发的焦虑;继发的客体性焦虑不是由外在环境客体的出现或再现引起,而是由客体出现的可能性引发。

2.心理防御机制。个体遇到困难时,在无意识中为消除由心理冲突或挫折所引起的焦虑,以伪装或歪曲事实的方式,所采取的一种能够减轻焦虑和罪恶感、解除烦恼、保护心理安宁的方法。

心理防御是自我的一种功能,由弗洛伊德提出,经由他的女儿安娜·弗洛伊德(Anna Freud,1895—1982)发展与完善。否认、压抑、退行、投射、隔离、升华等都属于个体的心理防御机制。

(1)否认。把引起精神痛苦的事实予以否定,以减少心灵上的痛苦。采用否认的心理防御,防卫性地否认事实或实际存在的痛苦,会使个体形成心理问题,严重的则会引发精神障碍。

(2)压抑。心理防御机制最基本的方式,当一个人的某种观念、情感或冲动不能被超我接受时,下意识地将极度痛苦的经验或欲望抑制到无意识中去,以使个体不再因之而产生焦虑、痛苦的情形。虽然被抑制的东西没有被意识感觉到,但是在潜意识中它仍然起着作用,只不过以象征化的形式表现出来。个体如果过分地使用压抑的心理防御,压制正常的本能或欲望,常常会产生一些心理问题。

(3)退行。当个体感到严重挫折时,放弃成人的处理方式,而退回到困难较少、阻力较弱、较安全的儿童时期状态,无意中恢复儿童期对别人的依赖,害怕担负成人的责任。

（4）投射。一般是指将自己的一些不良动机、态度、欲望或情感，赋予他人或外部世界，从而推卸责任或把自己的过错归咎于他人，以得到一种解脱的心理。

（5）隔离。把部分事实从意识境界中加以隔离，不让自己意识到，以免引起精神的不愉快。最常被隔离的，是整个事情中与事实相关的感觉部分，即情感隔离。

（6）升华。是一种成熟的心理防御机制。把社会所不能接受的内在冲动、欲望，通过防御转向更高层次的、社会能接受的目标。

（五）性心理发展阶段理论

个体心理的发展即性心理的发展，按照力必多投注的部位划分，可依次分为口腔欲期（oral stage）、肛门欲期（anal stage）、生殖器欲期（phallic stage）、潜伏期（latent stage）和生殖期（genital stage）五个阶段。个体每个阶段的经验决定了他成年后的人格特征。每一个阶段都有一个特定的性乐区，是该阶段个体快感的主要来源。

1. 口腔欲期（0～1.5岁）。也称口欲期，此阶段的性乐区在口唇，其快乐满足来自口唇、牙齿、牙龈和咽部。其中前口欲期（0～8个月）的快感主要来自吸吮和吞咽，如果发展停滞则成年后会有大量的口部活动习惯，如酗酒、抽烟、接吻、贪吃等；后口欲期（8个月～1岁左右）的快感主要来自咬牙和吞咽，如果发展停滞则成年后会有讽刺、指责等口唇施虐的人格特征。

2. 肛门欲期（1.5～3岁）。也称肛欲期，此阶段的性乐区在肛门，其快

31

乐满足来自肛门对肌紧张的控制，来自忍受或排泄粪便。肛欲前期的快感主要来自排泄粪便，如果发展停滞则成年后易出现过分慷慨的肛门排泄性人格特征。肛欲后期的快感主要来自对粪便的保持，如果发展停滞则成年后易出现吝啬、过度节俭、洁癖、强迫等肛门便秘性人格特征。

3. 生殖器欲期（3～6 岁）。此阶段的性乐区在生殖器，其快乐满足来自生殖部位的刺激和幻想，又称为男性生殖器崇拜期、性蕾期、性器期、俄狄浦斯期或恋母恋父期。此阶段的儿童对异性父母怀有特殊的爱恋之情，而排斥同性父母。男孩眷恋、渴望母亲，攻击、排斥父亲，称为恋母情结（亦称俄狄浦斯情结，Oedipus complex）；同时，此时的男孩在幻想中又害怕受到惩罚与报复，害怕失去自己的性器官而产生"阉割焦虑"，并进一步产生内疚感。为寻求解脱，男孩通过认同、仿效父亲而得到对母亲情感冲动的替代性满足，同时完成心理上的男性性别身份认同，从而从恋母情结中成功突围。女孩则爱恋、渴望父亲，排斥、嫉妒母亲，称为恋父情结（亦称厄勒克特拉情结，Electra complex）。同时，此时女孩对自己没有阴茎感到沮丧与遗憾，觉得自己不如人而产生"阴茎嫉羡"，出现亲近母亲与攻击母亲的内心冲突，产生背叛母亲的内疚感。当女孩通过认同母亲处理好自己的缺憾和内疚之后，就完成了在心理上的女性身份认同，也就顺利地度过了恋父期。

4. 潜伏期（6～12 岁）。其快乐满足不再依赖身体的某一部位，而是将兴趣转向适应外部环境所需要的知识与技能，如学习、文娱、与同伴游戏等活动。

5.生殖期(12岁以后)。心理性欲发展的最后阶段,其快乐满足逐渐转向性与爱,将人生引入恋爱、结婚、养育子女的阶段。这一阶段起于青春期,贯穿于整个成年期。

二、治疗技术

建立在经典精神分析理论基础上的心理治疗称精神分析治疗,亦称作精神动力治疗。该疗法用于解决来访者的心理问题或人格成长问题。精神动力治疗总的治疗原理,聚焦于将来访者的潜意识心理过程意识化。精神动力治疗的焦点不在于消除症状,而在于帮助来访者揭示其内心冲突的原因和过程,通过探讨潜意识因素如何影响其当前的人际关系、行为模式和心理状态,想方设法帮助他们修复、完善和发展自我,唤起他们的自尊、自信和意志力,帮助他们克服各种困难和问题,从而帮助他们更好地活在当下,更好地适应生活。

精神动力疗法一般需要稳定的治疗设置。治疗频率与时间一般每周1—2次、每次50分钟。长程的精神分析治疗主要针对人格结构和深层心理问题,力求达到对人格结构的修补和完善,因此耗费的时间和精力要比其他取向的治疗更长,而其疗效则相对更加稳固。短程精神分析治疗,设定短期的治疗目标,而不是一味地追求获得洞见与对自我的了解。对服刑人员的心理咨询,由于受到罪犯服刑时间等诸多因素的影响,一般采用短程精神分析。咨询的过程一般包括"建立关系、移情发展、修通、结束"四个阶段。涉及的技术主要有自由联想、梦的分析、动力性解释、移情分析、阻抗分析、修通与领悟等技术。

(一)自由联想技术

运用自由联想时,要在一个安静的环境中,让来访者很舒适地躺着或坐好,把他想到的、存在于头脑中的一切都讲出来,不论其如何微不足道、如何难以启齿或如何荒诞不经,都毫不保留地说出来。浮现在人脑海中的任何东西都不是无缘无故的,都是有因果关系的,借此可以发掘出来访者无意识中的症结所在。自由联想的前提是来访者有一个相对成熟的自我,对于有自我缺陷、有严重人格障碍或精神病性的来访者来说,自由联想可能导致严重退行,不仅无效,而且有害。因此,自由联想对于具有人格障碍,尤其是自我功能不完善的来访者一般不宜采用。自由联想指导语如下:

请你放松地坐好。从现在开始,请你把在心里想到的、头脑中出现的画面或者你身体的感受,都毫无保留地告诉我。这样做,你或许会觉得尴尬,比如说一些与性或攻击有关的事情,但请你都毫无保留地讲给我听。我不会对此有任何评论,你也不会因此受到指责。

(二)梦的解析技术

弗洛伊德曾说过"梦是通向潜意识的捷径"。分析梦的内容,是了解来访者无意识心理活动的重要途径。

来访者梦的材料一般来自以下三个方面：一是来访者做梦时的身体状态；二是来访者日常的生活印象；三是来访者早年的生活经历。来访者能回忆起来的梦是梦的显意，而其背后深藏着的是梦的隐意。隐意是梦者不知道的、需要经过专业人士的分析和解释才能了解的内容。对梦的解析就是要把来访者梦的隐意解释和分析出来，让来访者认清。为了得到梦的隐意，有时心理咨询师还需要采用自由联想技术，要求来访者对其梦中的内容进行自由联想。通过联想以获得梦的隐意。

在进行梦的解析时，由于阻抗作用，来访者可能会歪曲显梦。因此，心理咨询师还需突破来访者的防御，才能使其真正理解梦的隐意。来访者通过对于自己所梦内容的联想，了解梦的外显内容之下的内隐含义，有助于来访者进一步了解自己的无意识内容，使他的潜意识心理过程意识化，从而达到解决心理问题的目的。

(三)动力性解释技术

在精神动力性的心理咨询中，运用解释技术的目的，是揭示来访者症状背后的无意识动机。具体而言，动力性解释是将来访者的感受、想法和行为，与它的无意识意义或者根源相联结。"解释意味着向来访者指出他的无意识欲望和动机，是来访者把他一直没有理解的心理事件变成可以理解的，把表面上看来似乎没有意义的想法和行为与可以理解的往昔事件联系起来。"①解释在精神分析治疗中是必不可少的一个环节，只有解释，才能使来访者对其症状的真正含义达到领悟的程度。

值得一提的是，只有在无意识题材即将浮现在来访者的意识层面时进行解释，效果才是最好的，也才能保证解释具有治疗作用。所以心理咨询师对解释时机的把握非常重要，这也是咨询师的一项基本功。过早的解释不能引发来访者的认可、觉察和领悟，因而是无效的。

(四)移情分析技术

移情是指来访者将他在生命中对某些重要人物、事件或环境的爱与恨，投射在咨询者身上的一种心理表现。移情既有正性的，也有负性的。如来访者会把早年对父母或其他亲人等的爱或恨的感情转移到心理咨询师身上，或把咨询师当成自己的父母或亲人。

心理治疗中的移情现象是正常的。弗洛伊德认为："移情可比作一棵树的木质层与皮质层之间的形成层，新组织的形成及树干半径的扩大正是由于这个形成层的缘故。"②通过移情分析技术，咨询师可以更好地认识对方，并运用移情来宣泄对方的情绪，促使来访者领悟早年与重要人物的"关系纠葛"，从而起到治疗作用。心理咨询师对移情的处理，是来访者对症状领悟的重要来源，移情是精神动力性心理咨询的重要组成部分。

---

① 钟友彬、张坚学、康成俊等：《认识领悟疗法》，人民卫生出版社 2012 年版，第 138 页。

② 弗洛伊德：《精神分析引论》，彭舜译，陕西人民出版社 1999 年版，第 463 页。

（五）阻抗分析技术

阻抗是来访者在心理咨询过程中,对自我暴露与自我改变的抵抗。阻抗既可以是意识层面的,也可以是无意识层面的。

有意识的阻抗是由于来访者担心咨询师对自己产生坏的印象,或来访者对咨询师不信任而产生的。对于这类阻抗,心理咨询师可以运用共情、尊重、真诚等技术加以消除,其相对较容易处理。

无意识阻抗是来访者对心理咨询的不自觉的抵抗,不仅不能被其意识到,而且不被其承认,心理咨询师对来访者的这种无意识阻抗进行分析,是心理咨询的重要任务,通过对来访者无意识阻抗的分析,如果能使其看清并承认自己的阻抗,就可以推进治疗,使来访者受益。

（六）修通与领悟技术

心理咨询师的解释常常被来访者的阻抗所干扰,因此心理咨询的过程,是咨询师反复不断地运用解释等技术,使来访者克服阻抗,最终获得自我知觉、自我整合及自我觉察的过程,这个过程一般称为修通。从本质上而言,修通是一种特殊形式的解释。通过修通,当来访者领悟了自己内心冲突表现形式的时候,其惯有的症状也就随之消失。修通是精神分析治疗的最后阶段,由修通而致领悟是一个漫长而艰难的过程,需要心理咨询师与来访者双方全身心的投入。

对于心理咨询师而言,精神分析治疗不仅需要深厚的理论功底,更需要有丰富的临床实践技能。依据笔者的心理咨询实践经验,运用经典精神分析的技术方法对于治疗"神经症性心理问题"①疗效是确切的。如服刑人员吴某，情绪焦虑，多次出现吞食牙膏、牙膏壳和塑料片的自伤自残的强迫性行为。他坦陈吞食的动机，是逃避强制性的劳动，民警多次找其谈话，效果不明显。后经心理咨询师的精神动力性心理咨询，通过移情分析和阻抗解释，发现吴某的所谓"逃避劳动"仅仅是他的表面动机，而其内心深处压抑的愤怒，才是他吞食异物的罪魁祸首。当心理咨询师揭示了来访者潜意识的深层动机后，他的负性情绪和吞食异物的行为便"烟消云散"（类似案例参见本书实务篇的心理咨询案例部分）。精神动力性心理咨询欲解决来访者人格成长的问题，需要花费较长的时间，并且需要整合人本主义、客体关系、自体心理学、认识领悟和意象对话等心理咨询技术与方法。因此，本例中假如吴某同时存在人格问题及相应的犯罪心理问题，则需要更深入持久的心理咨询与心理矫治。

在经典精神分析理论的基础上，精神分析逐渐发展成一个庞大的理论体系，客体关系理论、自我心理学、自体心理学、依恋理论等都是精神分析理论体系的一部分。例如，客体关系理论是在精神分析的理论框架中探讨人际关系，尤其是婴儿与母亲的关系，是如何影响个体的精神结构及人格发展的一种理论。客体关系理论认为，精神或人格的病理性是早年客体关系的结果，真正影响一个人精神结构及人格发展的，是在出生早期婴儿与

---

① 中国就业培训技术指导中心、中国心理卫生协会：《国家职业资格培训教程·心理咨询师（基础知识）》，民族出版社 2012 年版，第 330 页。

父母的关系,尤其是与母亲的关系。因而,客体关系的心理咨询师总是从人际关系的层面来理解人的精神病理现象并开展心理咨询活动。心理咨询师的工作是让早年被内化到来访者精神世界中的客体再外化,让来访者的内在冲突再外化,从而减轻其内在焦虑。其治疗步骤一般包括允诺参与、投射性认同、面质、结束四个阶段(参见本书实务篇心理咨询案例第六节"子夜割脉自杀者的内心伤痛"),其中以投射性认同和面质阶段最为重要。

第二节　意象对话

意象(imagery)[①]对话是由我国著名心理学家、北京林业大学教授、心理咨询与治疗师朱建军博士于 20 世纪 90 年代初创立并发展起来的一种新的心理咨询与治疗技术。它是一种通过调节意象,影响来访者的深层次心理能量,改变其心理状态的技术。其特点在于,心理咨询师使用不经解释的象征性意象与来访者进行心理交流,从而了解来访者潜意识的心理冲突,并通过诱导其产生新意象加以解决。意象对话心理咨询与治疗,一般分为起始、矫正和结束三个阶段。其中,矫正阶段是治疗的核心阶段,其主

---

①　广义概念:脑中形成的不在面前事物的形象;具有象征意义的形象。

要任务是化解来访者的消极意象,使其心理状态获得改善,心理问题或心理障碍得以消除。

一、基本操作过程

第一步,引入过程。意象对话时,来访者可坐可躺亦可半躺,总的一条原则是要让来访者身心放松(闭上眼睛调节呼吸,全身放松)。在做意象对话之前,首先要简单地向来访者介绍一下这个方法,其作用主要是让来访者有一种安全感,以利于意象对话的引入。比如说:"让我们做一个想象的游戏吧,我说什么,你就想象什么。然后你告诉我你想象出来的是什么样子。"或者说:"我这里有一种心理测验的方法,非常有趣,就是通过想象测试你的心理。"要告诉来访者这不是催眠,同时还要告诉来访者,不要刻意地想象,一切顺其自然。

第二步,进入想象过程。心理咨询师可以事先设定一个意象(起始意象),诱导来访者进行想象。起始意象的象征意义往往比较单纯,最基本的起始意象通常是"房子"。"房子"意象主要象征人的身体或者人自我的心灵,是人内心世界的表征。所以来访者想象出的房子的特点,就代表了其心理的基本状态。如果从"房子"意象的外观判断来访者有某些心理问题,那么心理咨询师就可以对其进行简单的意象调节与处理;如果不必马上处理,咨询师下一步就可以让来访者想象自己进入这个房子,然后要求他描述房子里面的样子,以及房子中的陈设和人物等。除了用"房子"的意象,还可用"坑""动物领养""昆虫与花""山洞"或"镜子"等作为起始意象。此外,我们还可以把来访者的梦作为起始意象,或者从来访者的比喻、身体感觉或异常姿势开始进行意象对话。

第三步,分析意象的意义。来访者描述意象的时候,心理咨询师就要开始对其描述的意象进行体会和分析,以此获得对来访者的理解和共情。进行意象对话的时候,心理咨询师一般不用给来访者解释意象的象征意义。这是意象对话技术与经典精神分析不同的地方,意象对话不是挖掘来访者潜意识的内容使之进入意识领域,而是直接在来访者的潜意识中处理这些内容,是一种下对下的心理咨询与治疗方法。

在意象对话中,心理咨询师用心体会和感受来访者所描述的意象情境所体现的氛围和情调至关重要。"体会的意义远远超过分析。如果没有体会和感受,分析就成为一个非常理智化的过程、一个智力的过程,而没有感情上的互动,就没有双方心与心的交流。"[①]这样,自然起不到心理咨询与治疗的正向作用。另外,为使来访者意象的内容更具有分析意义,心理咨询师要适当引导。以"房子"意象对话为例,为了增强"房子"意象的奇异性,为利于有效把握来访者的心理状况,心理咨询师还可以这样对他们说:"在你想象的房子中,你可能会看到一些奇怪的东西,在一般的房子中不常见的东西,甚至超自然的东西,这都没有关系,看到什么就说出来。"[②]这样,来访者想象的限制就会减少,意象的内容就更丰富。

---

① 朱建军:《意象对话心理治疗》,北京大学医学出版社 2006 年版,第 119 页。
② 朱建军:《意象对话心理治疗》,北京大学医学出版社 2006 年版,第 119 页。

　　第四步，意象互动。意象互动过程，是心理咨询师用象征性意象和来访者进行交流，以促进来访者领悟和转变的过程。意象对话直接作用于人格的深层，在意象对话中，咨访双方通过描述意象进行交流，因此，它是咨访双方"下对下"的、无意识层面的沟通和交流，这是意象对话心理治疗与咨询的核心。

　　在意象对话过程中，心理咨询师可以根据需要，对来访者进行支持或面质，还可以运用其他心理咨询技术，但是，这种交流都是在转换成意象后进行的。比如，来访者想象出的窗子的锁已经生锈锁死而无法开启，心理咨询师问："为什么这个锁会生锈呢？"来访者说："因为这个窗子已经好久没有开启使用过了。"心理咨询师此时要鼓励来访者开放自己的内心，于是就要把这个鼓励转化为意象，说："能不能想个办法将锁弄开？打开窗子才可以让风和阳光进来。"经过诱导，来访者有了新的方法："我给锁上了点润滑油，然后用起子将锁撬开，把窗子打开了。"究竟选用何种意象，是支持性的意象还是面质性的意象，可由心理咨询师根据来访者的具体情况和心理咨询师的经验进行判断。来访者经过诱导产生的新意象，代表了他在深层人格中对心理咨询师的回应。这些新产生的意象也一样具有象征意义，心理咨询师可据此深入体会和分析来访者的心理，从而根据情况再进行新的诱导。整个意象对话过程就是这样循环往复。

　　在每次意象对话结束的时候，一般可以通过数数（数 1、2、3，数到 3 的时候睁眼）或倒数（数 3、2、1，数到 1 的时候睁眼）的方法，让来访者从他的想象（意象）中回来，回到心理咨询访谈室，然后再让他睁开眼睛。使用意象对话进行心理谈话的时间,比一般的心理咨询要长一点,通常是每次 70 分钟至 90 分钟,而一般的心理咨询时间是每次 50 分钟左右。

第五步,小结及作业布置。意象对话结束之后,心理咨询师一般可以简单询问一下来访者的感受,或是简要回答一下来访者的疑问。如有的来访者会说"做完这个想象,我似乎回了趟家",或者说"做完这个想象,我的心好像被掏空了"等。也有的来访者会问"我的屋内怎么都是一片狼藉,到处都是灰尘",或者说"我的屋内怎么空无一人",等等。此时,心理咨询师可以简要地解释,如"你的屋内已经好久没人光顾了","房屋打扫干净了,自然会有亲戚朋友造访",等等。之后,心理咨询师还可以视情况布置一些简单的意象作业,让来访者回去练习,如:"想象擦桌子上的灰尘,每天 20 分钟左右"。因为意象是一种心理内部的行为,一个新的意象要替代旧的意象,需要多次想象这个新的意象,需要多次在想象中改造这个旧的意象。

二、常见意象的象征意义

(一)房子

房子是人内心世界的象征,意象对话中,来访者看到的房子里的一些形象往往代表着他的情绪、情结或者是某些心理问题。房子的内外观越好,表明来访者的心理状态越好(但过分美好的房子是癔症或者表演性人格的表现);而破败的房子常常象征着来访者自卑或消沉的心理。房子大(但过大的房子象征意义也不一定好),表明来访者的心胸开阔。暖色调的房子表明来访者的性格外向或待人热情。房子的层数和房间数越多,则表明来访者的性格越复杂。房子的门窗很小或者紧闭,说明来访者开放性较差;门窗大或容易开启则表明其开放性较好。房子的材质通常与来访者的安全感和其性格的基本特征有关。过分坚固的材质或过分单薄的材质往往都是安全感缺乏的象征;自然的材质(比如竹木)象征着自然的性格。房子脏,如房子内的灰尘,常常是来访者抑郁或恐惧情绪的象征。房屋内黑,象征着来访者自我了解很少。房屋内东西凌乱,则往往代表来访者有焦虑或烦躁的情绪。下面是有关房子的意象对话片断(片断 2-1):

心理咨询师:沿着山路,穿过一个山门,在路的尽头有一座房子。

来访者:我看到有间小矮房。房子外长满了杂草,足有半腰高。

心理咨询师:怎么办呢?

来访者:我试试能不能拔掉……拔不动。

心理咨询师:草根太深了。有其他办法吗?

来访者:似乎很难有好的办法……

心理咨询师:比如用工具?

来访者:用铲子松松土……感觉挺累的……终于拔动了……

心理咨询师:你挺努力的。

来访者:我想要把这些草晒干,喂牛吃……

心理咨询师:嗯,你还可以进屋看看。

来访者:房门是关的。

心理咨询师：你可以推门进去。

来访者：门是上锁的。

心理咨询师：可以开门进去。

来访者：没有钥匙，我把锁撬了……屋子很暗，地面布满了灰尘，墙面及屋顶倒是干净的。

心理咨询师：好久没有人来过了，你可以开窗通通风。

来访者：我开了窗。窗子也很脏，很多灰尘。

心理咨询师：你可以清扫一下。

来访者：房子变得干净了。但屋内的东西挺凌乱。

心理咨询师：你可以整理一下。

来访者：整理好了……现在我心里感到舒服了许多。

此案例片断中的来访者，因伙同他人采用暴力胁迫手段劫取他人财物，犯抢劫罪被判有期徒刑八年，因睡眠障碍（难以入睡、易醒、做噩梦），人际关系不良，实施意象对话心理咨询两次，收到了良好的效果。他意象中的房子外面长满了半腰高的杂草，门是上锁的而且无法打开，这是他焦虑和自我封闭的象征。他想象中的房子里暗、乱、脏，表明他对自己缺少了解，具有焦虑的情绪；通过去除杂草、开锁、清扫屋子等方法，缓解了他的焦虑情绪，也增加了他的自我了解和自我开放程度。

以下是心理咨询过程中又一个与房子有关的意象对话。来访者李某（女，25岁），因与其他服刑人员的关系问题而痛苦不堪，持续出现焦虑、抑郁、失眠等情况，还时有自杀的念头，民警采用基于精神分析的自由联想、梦的分析和意象对话等治疗技术，帮助其走出了抑郁、自卑的"情感泥潭"。意象对话片断如下（片断 2-2）：

心理咨询师：……继续往前走，在路的尽头有一座房子，这是什么样的房子？

来访者：这是一座普通的平房，房子的周围有一圈栅栏，房子的门关着。

心理咨询师：请把门打开，进去看看屋子里面有什么。

来访者：屋子内一片漆黑，什么也看不见。

心理咨询师：屋内有电灯，找下开关，把灯打开。

来访者：好，灯开了。窗户关着，屋内满墙壁都是厚厚的烟垢，屋内到处都是灰尘。

心理咨询师：能开窗通风，把屋子打扫干净吗？

来访者：我试试。窗打开了，地面也打扫干净了，只是清除墙上的烟垢有点难，足足 2 公分厚啊。

心理咨询师：你可以慢慢地清理，累了可以在屋里休息下。

来访者：嗯……

十多分钟后，来访者把墙上的烟垢清理干净了，她告诉心理咨询师说，内心似乎空荡荡的，但十分安静舒适。

屋内漆黑表明来访者对自我不了解,同时也是其情绪低落的象征;门窗紧闭是来访者内心孤独和封闭的象征;屋内的烟垢和灰尘则是其抑郁和焦虑情绪的象征。在意象对话中,心理咨询师鼓励她开窗通风、清理房子,实质是帮助她在潜意识层面消除焦虑、抑郁的负面情绪,促使其自我开放,减少孤独感。

(二)照镜子

让来访者想象镜子,看镜子里出现的形象。这个形象,往往代表着来访者的自我意识,或是来访者的某种情绪状态。以下是一则意象对话心理咨询片断(片断 2-3):

心理咨询师:楼上窗边有一面很大的镜子。你走过去站到镜子前面,往里面看。

来访者:我看到镜子里面有一盆花。

心理咨询师:镜子里面有一盆花?

来访者:是的,一盆快凋零的花。

心理咨询师:请仔细看看这花,或许它会有所改变。

来访者:似乎变成了一个人。

心理咨询师:你认识这个人吗?

来访者:面孔模糊,看不清楚……

心理咨询师:慢慢会清晰起来。

来访者：这个人好像是我自己……

此案例片断中的来访者，是一个抑郁症患者，情绪低落，日常兴趣全无，伴随自伤自杀的行为。意象对话过程异常艰难，来访者不时告诉咨询师，他脑子里一片空白，没有任何意象出现。上述简单的意象对话，历时近一个小时，是在心理咨询师极其耐心等待和耐心引导下产生的意象。让人称奇的是，自从这次意象对话后，来访者有了主动要求进行意象对话、进行心理咨询的意愿。在药物治疗辅助于意象对话心理咨询的情况下，来访者的情绪状态有了较大的改善，病情得到了有效的控制。而之前，他的病情总是反复无常，得不到控制。

（三）动物领养

"引导来访者乘船逆流而上，到上游的动物园，从男女看门人那里，分别领养一只动物。根据意象对话心理咨询与治疗的理论，河流象征生命的历程，坐船逆流而上，象征追溯童年。动物园象征童年场景，动物园的两个看门人分别象征他的父母亲，和他们的互动代表了早期和父母亲之间的关系情况，装小动物的盒子象征父母的养育方式，领养的小动物以及对待小动物的方式则代表了与父母亲的依恋关系的总体情况。"[①]

1.实证研究。笔者通过对 28 名男性来访者的分析研究，发现"动物领

---

①　史彤玮：《意象对话技术在成人依恋测量中的应用》，《科技创新导报》2010 年第 10 期。

养"意象对话中装动物的盒子的材质、看门人形象的清晰程度与来访者的亲子关系亲密程度显著相关;而盒子内的动物与亲子关系亲密程度之间的相关性不显著。在此实证研究中,所有数据均使用 SPSS 软件进行统计分析。具体研究过程与分析如下所述。

第一步,心理咨询师分别与 28 名来访者进行一对一的面谈。通过面谈,了解他们的父子关系、母子关系和父母之间的亲密关系,了解他们对各自家庭温馨程度的感受,之后,咨询师分别对他们的家庭温馨程度及各种关系的亲密程度进行评分;同时,请每一名来访者对各自的家庭温馨度及家庭各人员间的亲密程度进行评分。评定均为"很好、好、一般、差和很差"五个等级,对应评定分值依次为 1、2、3、4、5 分。

第二步,咨询师与每一名来访者进行一对一的"动物领养"意象对话。在意象对话的"动物领养"场景中,咨询师对了解到的相关情况再分别进行评定。

将男、女看门人对来访者的态度,分别进行"很好、好、一般、差和很差"五级评定,对应评定分值为 1、2、3、4、5 分。

将男女看门人之间的亲密程度,分别进行"很好、好、一般、差和很差"五级评定,对应评定分值为 1、2、3、4、5 分。

将男看门人所给的装动物的盒子材质、女看门人所给的装动物的盒子材质,分别进行五级评分,从布质、木质、竹质、石质到铁质,对应分值为 1、2、3、4、5 分。

将来访者从男看门人与女看门人手中领养的动物,进行五级评分,从食草动物到食肉动物,根据动物由低到高的凶猛程度,依次给予从低分到高分的评定,对应分值为 1、2、3、4、5 分。

将上述第一步和第二步所得评分数据汇总,得到的平均数和标准差如表 2-1 所示。

表 2-1　各项目平均数和标准差

项目	平均数	标准差
1 父子关系	2.68	1.42
2 母子关系	2.29	0.90
3 父母关系	2.36	1.13
4 家庭温馨度(据来访者叙述)	2.75	1.04
5 家庭温馨度(由咨询师研判)	2.36	1.16
6 男看门人对来访者态度	2.71	1.41
7 女看门人对来访者态度	2.32	0.98
8 男女看门人的亲密关系	2.36	1.16
9 男看门人装动物的盒子材质	2.64	1.34
10 女看门人装动物的盒子材质	2.29	0.90
11 从男看门人处领养的动物	2.00	1.31
12 从女看门人处领养的动物	1.89	1.03

注:1~4 为面谈时由来访者自评;5 为面谈时由咨询师综合研判评定;6~12 由咨询师根据意象对话中的意象判定。

如表 2-2 所示,在面谈中,心理咨询师根据面谈综合研判得出的来访者的家庭温馨程度与意象对话中的男女看门人的亲密关系呈高度正相关,相关系数 $r = 0.97$, $p < 0.01$。而在面谈中,由来访者叙述给出的家庭温馨程度,与其意象对话中的"男女看门人的亲密关系"相关性不显著,相关系

数 $r=0.48$，$p>0.05$。由此可见，来访者在意识层面（面谈）所感知的家庭关系并不准确，而来访者在潜意识层面（意象对话）获得的家庭关系与心理咨询师综合研判得出的当事人家庭关系符合程度很高，更具有可信度，这意味着由"动物领养"意象对话中获得的当事人的家庭和谐度相关信息更可靠。

表 2-2　家庭温馨度与男女看门人亲密程度的相关系数矩阵（r，$n=28$）

	1 家庭温馨度（据采访者叙述）	2 家庭温馨度（由咨询师研判）	3 男女看门人的亲密关系
1 家庭温馨度（据来访者叙述）	1		
2 家庭温馨度（由咨询师研判）	0.48	1	
3 男女看门人的亲密关系	0.48	0.97**	1

注：*** $p<0.001$，** $p<0.01$，* $p<0.05$。

如表 2-3 所示，深入分析发现：来访者面谈时自评的父子关系的亲密程度与意象对话中的男看门人对来访者态度呈正相关，相关系数 $r=0.97$，$p<0.01$。来访者面谈时自评的母子关系的亲密程度与意象对话中的女看门人对来访者态度呈正相关，相关系数 $r=0.94$，$p<0.01$。

意象对话中男看门人装动物的盒子材质与来访者父子关系的亲密程度（面谈时由来访者自评）的相关系数 $r=0.97$，$p<0.01$，呈高度正相关；意象对话中男看门人装动物的盒子材质与意象对话中男看门人对来访者态度的相关系数 $r=0.94$，$p<0.01$，呈高度正相关。

意象对话中女看门人装动物的盒子材质与来访者母子关系的亲密程度（面谈时来访者自评）的相关系数 $r=0.95$，$p<0.01$，呈高度正相关；意

象对话中女看门人装动物的盒子材质与意象对话中女看门人对来访者态度的相关系数$r=0.94$，$p<0.01$，呈高度正相关。

表 2-3　面谈与意象对话中有关项目的相关系数矩阵$(r, n=28)$

	A	B	C	D	E	F
A	1					
B	0.54	1				
C	0.97**	0.59	1			
D	0.66	0.94**	0.68	1		
E	0.97**	0.55	0.94**	0.68	1	
F	0.54	0.95**	0.57	0.94**	0.55	1
G	0.30	0.06	0.32	0.00	0.21	0.03
H	0.10	0.32	0.11	0.33	0.16	0.32

注：A 父子关系（面谈时由来访者自评），B 母子关系（面谈时由来访者自评），C 男看门人对来访者态度（意象对话），D 女看门人对来访者态度（意象对话），E 男看门人装动物的盒子材质（意象对话），F 女看门人装动物的盒子材质（意象对话），G 从男看门人处领养的动物（意象对话），H 从女看门人处领养的动物（意象对话）；*** $p<0.001$，** $p<0.01$，* $p<0.05$。

而意象对话中的从男/女看门人处领养的动物（亲密程度依据动物的凶猛程度，从食草动物至食肉动物依次递减），与来访者父子或母子关系的亲密程度（面谈时由来访者自评）的相关性不高。

该研究表明："动物领养"意象对话中的男/女看门人装动物的盒子材质、男/女看门人对来访者态度可准确反映当事人的亲子关系程度。而从男/女看门人处领养的动物与亲子关系的亲密程度之间的关联度不大。

2. 对话举例。"动物领养"的意象对话片断（片断 2-4）：

心理咨询师：想象坐船逆流而上，来到一座动物园。门口有一男一女两个看门人。

来访者：男看门人看上去五六十岁，态度温和。

心理咨询师：你可以从他那儿领养一只动物。

来访者：他给了我一只装在木盒子里的羊。

心理咨询师：女看门人呢？

来访者：她大概二十多岁，对我很不友好。她给了我一只装在铁盒子里的老虎。我有点怕。

木盒象征着亲切、和善，铁盒则象征疏远和冷淡。来访者从年龄较大的男性手里拿到的是一只木质的盒子，可能表明他父亲养育能力弱，但尚能尽力尽责。他从女性手里拿到的是一只铁盒，象征母亲冰冷生硬的养育态度。母子之间不安全的依恋关系通过"动物领养"的意象对话昭然若揭。咨询师在会谈中了解到，来访者的母亲在其年幼时出走，随后从未见过面；他的父亲是位听障人士，虽然脾气温和，却无力照料抚养孩子，因此他由爷爷奶奶抚养长大。

(四)山洞意象

引导来访者走进山洞，其象征意义是，引导来访者进入自己的潜意识。另外，山洞是人类祖先的家园，走进山洞，另一层的象征意义是回归。因此，走进山洞，有时就代表了来访者回归到母亲的子宫，象征着退行的过

程。下面是一则意象对话的片断(片断2-5):

心理咨询师:穿过一个山门,眼前是一个山洞。

来访者:是的,但洞口很小。

心理咨询师:你可以走进去吗?

来访者:可以。

心理咨询师:走进山洞,你看到什么?

来访者:洞里很黑,我有些害怕。

心理咨询师:有我陪着你,你不用担心。想象有火把照着。

来访者:有火把,我可以看清了。

心理咨询师:你看到什么?

来访者:我看到一条蛇,很大,我很害怕。

心理咨询师:你离它多远?

来访者:很远,它虽然暂时伤害不到我,但我还是害怕。

心理咨询师:不用担心,你可以试着走近它,它其实并不会伤害你。

来访者:我试试……我离它越来越近了……我还是有些害怕。

心理咨询师:走近它,你可以摸摸它。(坚定鼓励的口气)

来访者:我试试……我摸到它,它好像并没有伤害我。

心理咨询师:是啊,事实证明它并不会伤害你。

来访者:我口渴,想找点水喝。

心理咨询师:山洞里或许有水源,可以找找。

来访者:嗯……找遍了山洞……没有水源……

　　此案例中的来访者,是一名因犯强奸罪被判有期徒刑五年半的服刑人员,父母在他幼年时离异,他随父亲生活,平时没有亲人接见,情绪烦躁激动,睡眠不佳。经过几次意象对话心理咨询之后,他的情况逐渐得到了改善。

(五)常见动物的象征意义

　　"一般来说,在我们的梦和想象中的动物主要象征一种人格特质,这个性格和童话中这个动物的性格是一致的。当然,一个动物的意义不会这么简单,它还可以有其他的一些意义。"[①]在服刑人员意象对话心理咨询中经常出现的动物意象有蛇、猫、狗、蚂蚁、蜘蛛等动物。

　　1.蛇。蛇是服刑人员意象对话中经常出现的意象之一。蛇的其中一个象征意义是性,在强奸类等性欲型服刑人员的意象对话中出现较多,可能与此有关。同时,蛇也表示与性无关的伤害、欺骗或诱惑,表示憎恶、仇恨或把人拖向黑暗和堕落。另外,蛇也可以代表智慧,代表着"一种深入人内心深处的智慧、深刻的直觉智慧"[②]。

　　2.猫。猫是神秘、野性的象征,具有这种意象类型的服刑人员,往往会比

────────────────

　　① 朱建军:《意象对话心理治疗》,北京大学医学出版社 2006 年版,第 141 页。
　　② 朱建军:《我是谁:心理咨询与意象对话技术》,中国城市出版社 2001 年版,第138 页。

较自私、狡黠,具有贪、懒的特性。在盗窃型服刑人员和性欲型服刑人员中出现较多。

3.狗。狗是忠诚、忠心的象征,意象对话中经常出现狗意象的人,性格上一般具有正直、重情谊等特性。在过失型服刑人员和一部分抢劫型服刑人员中有较多的呈现。

4.蚂蚁。蚂蚁是弱小的象征。在胁从犯罪性质的服刑人员和性格自卑、内向的服刑人员中常有呈现。

5.蜘蛛。蜘蛛是束缚或性的象征,有时它还是母亲的象征。各种犯罪类型的服刑人员在意象对话中都会有蜘蛛的呈现。想象了蜘蛛的服刑人员,他们的亲子关系常常不良,对其父母亲常有较多的抱怨甚至憎恨。在意象对话中,蜘蛛经常会与灰尘和蜘蛛网同时呈现。

三、适用对象

运用意象对话心理咨询与治疗技术,对于矫正具有焦虑、抑郁情绪或强迫思想和行为的服刑人员常常有独特的效果,一般三至四次的意象对话,就能取得良好的效果,个别症状较轻的服刑人员,甚至一次就能起效。对于某些具有冲动性人格障碍倾向或边缘性人格障碍倾向的服刑人员,运用意象对话进行心理咨询,也有较好的效果,只是进行意象对话的次数会更多,咨询的时间会更长(一般需要在三个月以上)。

意象对话心理咨询与治疗技术同其他心理咨询与治疗技术一样,要求心理咨询师的心理健康状态良好。如果心理咨询师的心理状态不良,或者刚好在某个问题上有情结,那么他给出的意象就可能不适当,甚至对来访者造成伤害。因此,进行意象对话的心理咨询师自己的心理要健康,情结要很少或者已对自己的情结有清楚的了解。同时,意象对话心理咨询师要进行专门的培训和督导,不但要具有国家心理咨询师的岗位资质,而且还要进行意象对话技术的相关培训,取得相关的上岗资质,并在临床实践中不断得到上级心理督导师的督导。

第三节　房树人测验

房树人测验技术（又称"HTP测验技术"）是一种心理投射法测验,它由美国心理学家约翰 N. 巴克(John N. Buck)率先在美国《临床心理学》杂志提出,20 世纪 60 年代由日本学者率先引入使用,在我国,由张同延[①]等一批教授引进并加以推广应用。房树人测验既是一种人格测验,也是一种智力测验,同时它还能起到治疗作用,属于心理治疗中的绘画疗法。房树人测验技术的方法多种多样,在测验的形式上也有许多的变通,最简单的一种是要求被测者画出房、树、人;有的要求被测者在画完房、树、人之后,再用蜡笔将画涂抹上彩或者要求画出性别相反的人物;另有一种综合性房

---

① 原浙江省精神卫生研究院教授,高级心理分析师。

树人测验（又称"统合性房树人测验技术"），要求被试在同一张纸上画出房、树、人进行测试。

　　房树人测验具有许多优点。一是其非言语性的特点，避免了言语性测验量表在操作过程中可能出现的掩饰性，从而可以更好地使心理咨询师了解来访者的人格特征，捕捉到来访者难以言表的内心冲突；二是在了解被测者的智力水平时，不会像其他文字性测验量表那样有许多局限性，并且不会造成来访者的心理创伤体验（如歧视智力低下者）；三是重复测验不会导致练习效果，便于反复施测，跟踪观察。房树人测验既可以用于群体的测量，又可以用于个体测量。就治疗而言，它比较适合用于矫治未成年人的不良心理行为问题。

　　一般而言，在进行房树人测验时，并没有具体的指示要求来访者怎样描绘房、树、人，"所以没有限定他们应该描绘什么样的房子、树木和人物。有关房屋的大小、类型的表现方法；树木的种类、大小、树龄的表现方法；人物的年龄、性别、高低、朝向、行为等表现方法都没有任何的限制，画面的描绘主要靠被测者自己的见解或者从身边环境中体验到的事物中选择出一个或数个房屋、树木或人物的形象综合而成，由此形成测验中的绘画像。所以在指导语中提到的房、树、人是一种有关事物的分类语，不是一种具体化的事物"①。来访者在绘画过程中，会把情绪状态在画面上呈现出来，甚

---

　　①　张同延、张涵诗：《揭开你人格的秘密——房、树、人绘画心理测验》，中国文联出版社 2007 年版，第 3 页。

至反映出他们的喜怒哀乐、人际关系等各个方面的情况。因此,房树人测验所描绘出的绘画结果,并不是绘画画面的质量好坏或是绘画技术高低的体现,而是来访者的心理特征在画面某些方面的投射。

一、测验工具

一张测验纸,规格为 270mm×390mm(页内 B、C、D 框 122mm×82mm,A、E 框 85mm×120mm);一支 2B 铅笔;一块橡皮。测验纸样式如图 2-1 所示。

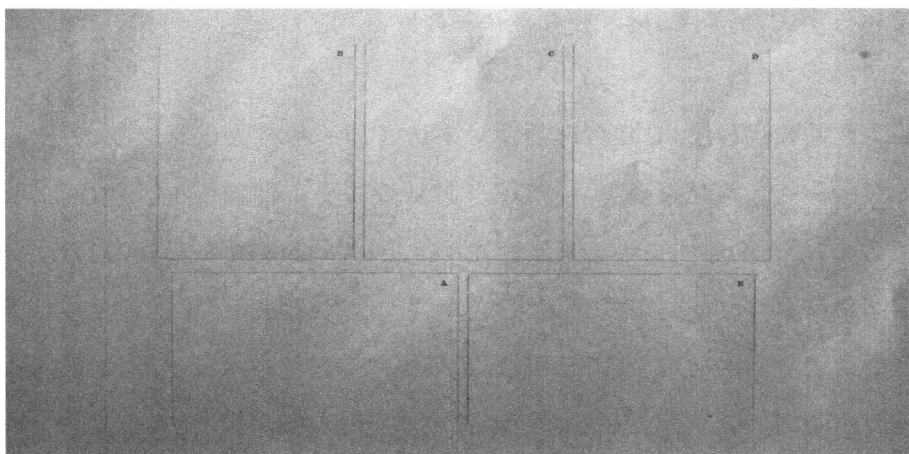

图 2-1　房树人测验纸样式

二、测验指导语

房树人测验开始时,由心理咨询师给出以下测验指导语:

在你的面前放了一张测验纸,在测验纸上有五个方框,每个方框上分别标有 A、B、C、D、E 的字母。请你拿起铅笔,首先请你在 A 的方框内认真地画一座房屋,画任何样子的房屋都可以,只要你努力地去画就可以了,如果你自己觉得不满意,可以用橡皮擦除修改,在时间上没有特别的限制,你想怎么画都可以,只要你认认真真地画就可以了!(房屋画毕)请你在 B 的方框内,按画房屋一样的方法,画一棵树!(树画毕)请你在 C 的方框内,按上述同样的方法,画一个人!(人物画毕)请你在 D 的方框内,按上述同样的方法,画一个与 C 性别相反的人!(人物画毕)请你在 E 的方框内,按同样的方法,把房屋、树木和人画在一起!

在测验过程中,心理咨询师要对来访者的一些行为进行必要的记录,如对测验指导语是否理解,描绘图形时是否需要进行督促;描绘时间的长短情况;是连续性的描绘还是停顿性的描绘;描绘过程中的情绪和态度,如情绪平稳、烦躁,或是态度合作、不合作等。这些对测验结果的评定或信效度的评定有一定的意义。如果来访者很快地拿起笔在白纸上进行描绘,则表明测验的信效度高。如果来访者犹豫不决,需在反复动员或督促下进行描绘,则说明测验操作不顺利,测验的信效度就要打折扣;如果来访者对某些图形进行特别的描绘,如连续性描绘或停顿性描绘,表明来访者的情绪不稳定或内心存在某种情结。如果来访者敷衍了事地进行描绘,则表明其不合作的态度,表明测验的信效度不高。

三、图形特征及其分析

在房树人测验时,如果被试所画的房、树、人三者平面排列,表明个体处理事情缺乏计划性。如果房、树、人三者之间具有前后上下的位置关系,则表明个体智力正常,对现实的感知能力正常。如果在测验时添加了房、树、人以外的东西,则表明个体好表现自己,心理发展水平幼稚,掩饰力差。

(一)房子分析

房子是个体出生和成长的家庭的象征。房子的描绘可以反映个体对家庭、家族关系的思想、情感和态度。通过对屋顶、窗户、门和地面线等细节的分析,可以了解到个体在家庭中的安全感、自我形象及个体的家庭亲子关系等情况。

房子如被描绘在画纸的中心,表明被试个体具有自我中心、唯我独尊的个性特点,如果房子被描绘在画纸的左侧,表明个体过分注重既往的生活,较重感情,自我意识较强,往往显示感性化的倾向。如果房子被描绘在画纸的右侧,表明个体比较注重和关心将来的生活,客观意识强,具有明显的理智化倾向。

房子的结构,一般有传统型、现代意识型、艺术型、怪异型、平面型等多种。平面型的房子样式,表明个体的智力低下。分析怪异型房子时,要结合被试的文化背景,某些具有艺术天赋的来访者常常会有此房子类型的呈现。

房子的墙壁是坚强的象征，表明个体抵抗和防御外界攻击，保护自我的能力。房子的门，是个体与外界环境通道的象征，常反映出个体潜意识中的人际交往关系。房子中的窗如同个体的眼睛，象征着美及与人被动接触的方式，是个体的一种内在的防御状态。

在房子的细节方面，如果缺少某些部分，比如没有门或窗，表明个体注重整体，忽视细节，在日常生活中，会经常粗心大意，具有无所谓的态度。如果缺少屋顶、墙等重要部分，就表明个体智力低下。如果添加某些部分，如加画烟囱，意味着个体家庭不和，或家族内部存在矛盾；也可能表明个体的攻击性或某些不良习惯。如果门上锁、窗有铁栏杆，表明个体比较警觉，缺乏安全感，有一种自我封闭和掩饰的心理状态。如果精细地描绘瓦片、砖头，表明个体比较注意细节，考虑问题比较全面、认真，但有时缺少灵活性，做事比较固执。如果在描绘瓦片或砖头时，反复使用橡皮擦拭，就表明个体过分地认真、刻板，追求完美，具有强迫的倾向。

如果出现某些特殊情况，如描绘的房子具有透明性，表明个体的思维怪异（结合临床，可能是精神分裂症）。如画有五脏六腑，表明个体的性意向或许是性犯罪。如画人裸体化，就表明智力低下，本能活动强。

(二)树的分析

树是个体生命成长历程和自我形象的展现，也是个体与环境关系的展示，所以又称为生命树。通过对树的分析，可以了解个体对客观环境的感受，也可以测试个体的人生经历、生活状态和风格。

树的类型,是个体生活态度和人格倾向的象征。单线条的树,表明个体或存在智力方面的问题,或表明其生活经历中有较多的心理创伤,对客观外界是悲观的。丰满型的树,表明个体性格外向、乐观、好交际,生活质量较好,表明其内心对外界的感受是愉快的。描绘瘦型的树,表明个体的生活质量差。

树干是个体生命活力的象征,反映的是个体与环境之间的协调性和人格的完整性。粗大的树干,提示个体积极向上的生活态度,服刑人员个体则表明其潜在的攻击倾向。细小的树干,显示个体对环境的不适应,缺少自信和自我无力感。细长的树干,则表明个体缺乏活力,缺乏通融性和灵活性。树皮是个体与外界或他人接触的象征。树皮上的伤痕,往往提示个体具有某种创伤性的心理体验。

树冠象征个体性格,绘制树木时,如果过分强调左侧的树冠,表明个体性格内向,待人处世小心谨慎,谨小慎微;如果过分强调右侧,则提示个体性格外向,自信心较强,但行事注意力易分散。

树根表示个体与现实关系,对自己支配现实能力的一种认识。地面线则表示与安全、现实相关的内容。在描绘树木时,如果过度地强调地面线,反复地描绘地面线,则提示个体存在强烈的焦虑不安情绪和强烈的依赖欲望。

如果服刑人员在树内画苹果,这就表明其心理的幼稚性。男性服刑人员如果画柳树,则表明其温顺、软弱,具有爱美心理。如果画松树,表明其心理比较成熟,行为老练,犯罪前受过良好的教育,适应性较强。如果画树时,有芽或叶,表明个体过分注意细节、刻板、追求完美,具有强迫的倾向。画树涂黑或画树根具有爪样,表明个体具有攻击性。值得一提的是,如果服刑人员在画树时,出现树叶落地、树倒地或树歪斜,表明个体具有忧郁伤感的情绪,有自杀的可能,需要在第一时间进行防范。

(三)人的分析

通过对画中人的分析,可以了解个体的自我形象、智力水平和人格特征。个体对人有大头小身体的描绘,如果其年龄在七岁以下,则属正常;如果其年龄在七岁以上十二岁以下,则提示其心理的幼稚性;如果个体的年龄超过十二岁,则表明其智力存在问题。又比如,如果个体画侧面像,就表明其活动性强,智力发育较好。如果个体画人符号化,表明其具有高智力的掩饰。具体而言,从人物的各种画法中透露的信息主要有以下三大方面。

1.头面部。如果头发画得浓密,表明个体具有追求力量的倾向,但同时也表明他的烦恼很多。平头,表明个体办事干脆利索,但也暗示个体具有心狠手辣的心理特点。画怒发冲冠的发型,表明个体有一种攻击的特性,上部分尖表示对外攻击,下部分尖表示自我攻击。画光头,表明个体的个性狡猾,也说明他有很强的自我防御性。画帽子,说明个体有一种合理化防御倾向,表明其掩饰性强,也表明他有一种强烈的自我保护意识。画大眼睛,表明个体敏感警惕。画大眼睛再加上眉毛,表明个体注重美的追求,具有表演性。画眼睛而没有瞳孔,表明个体具有一种视而不见、不承认自身问题的态度。画的眼睛如果一大一小,表明个体性格随和。嘴的画法通常有四种类型。一是吸入型(画成圆形),表明个体年幼时吸奶规矩,有自我中心的性格倾向。二是咬住型(画成闭合状),表明个体具有攻击的性格特征,也表明个体的口才较好。三是含住型(画成一条线),表明个体办事不急不慢,有一种被动攻击和两面派的倾向。四是吐出型(不画嘴),表明个体有拒绝别人帮助的心理倾向,也表明个体有封闭和孤独化的倾向,提示其人际关系紧张。画的耳朵,如果出现一耳大一耳小的情况,表明个体对于他人的劝告与提醒常常左耳进右耳出。不画耳朵,则表明个体拒绝倾听,不善于接受他人的意见、建议和劝告。

2.躯干和肢体。画的躯干如果不穿衣服,提示个体有明显的品行障碍。如果画解剖图,表明个体具有天才或者精神病的倾向。画细长的脖子,说明个体原始的性本能冲动强。画长脖子同时又戴领带,表明个体具有道貌岸然的性格特征,表现为言语多,外强中干。手的动作,表明个体对环境的控制能力。如果所画的手伸直下垂,表明个体拘谨、老实和紧张。画的手伸开,表明个体自我控制能力较差,同时提示个体有较强的支配欲。画的手如果一前一后,则提示个体有边缘性人格的倾向。画的手在后,则表明个体有背地攻击的性格特征。

3.细节。房树人测验也可以作为一种智力评估的工具,其测评的依据主要是画人的完整性及各细节的丰富性。一般而言,画人时人体的各部分越完整、各部分的细节越丰富流畅,如能完整地描绘全身,仔细地描绘头发、眉毛、鼻子、嘴角、衣服、手指、脚跟,描绘手部线条流利,画侧面像时有鼻孔等,则对应的智力水平也就越高(画人符号化如画火柴人等除外)。

第四节　沙盘游戏

沙盘游戏疗法是由瑞士荣格分析心理学家多拉·卡尔夫(Dora Kalff,1904—1990),以荣格分析心理学和中国传统文化思想为基础,在整合了英国儿童教育家洛温菲尔德(Margaret Lowenfeld,1890—1973)的"游戏王国"之后创立的一种心理治疗技术。沙盘游戏既适合个体心理咨询也适合团体心理辅导。

一、基本设置

沙盘游戏要求有一个安静、整洁、舒适、光线良好的房间,使来访者避免外界干扰,全身心地投入沙盘游戏。标准的沙盘游戏室,一般有两个盛沙的沙盘,一个装干沙的沙盘和一个装湿沙的沙盘,另外需配置十大类别的数千个(一般需 1200 多个)沙盘模型(亦称沙具,通常将它们放置在专用的沙盘模型架子上),按照基本的类别适当摆放。

沙盘游戏模型,分神话传说、文化宗教、自然物质、风俗行为、颜色形状、数字方位、人物人体、家居建筑、交通工具、各种动植物等十大类。这些模型分别表达不同的象征性意义。

沙盘游戏的治疗频次,一般是每周 1—2 次,多的也可以 3 次,视来访者的具体情况而定。治疗时间一般每次 50 分钟。

二、导入时机

沙盘游戏一般在心理咨询师与来访者建立了良好的咨询关系后,在心理咨询师觉得有必要并且在来访者自愿的基础上才能进行。一般而言,来访者无法用言语表达感受或想法,或者来访者的情绪、情感被阻塞,是导入沙盘游戏治疗的最佳时机。任何强制性的使用,不但无效,而且还会对来访者造成伤害。

三、治疗过程

(一)介绍沙盘

对于初始接触沙盘的来访者,心理咨询师首先应该对他进行一些简单的介绍,如"这些'小玩具'都是用作沙盘游戏的模型,有各种各样的动植物;有不同民族、不同身份和不同动作的人物,也有各种文化和宗教背景的模型;有各种交通工具、建筑材料和家居用品等"。又如,"这里有两个沙盘,一个是干沙盘,一个是湿沙盘。两个沙盘的底都是天蓝色的"。

虽然沙盘游戏并没有固定的指导语,但在开始沙盘游戏时,心理咨询师一般可以对来访者进行以下指导:"你如果愿意,可以用沙盘游戏模型架子上的任何小模型,在干的沙盘或湿的沙盘上,摆放任何你想摆放的玩具模型。你可以随意地玩，做任何你想做的事情，创作自己喜欢的任何'图画'。"心理咨询师可以让来访者从沙盘入手，开始沙盘游戏："你可以先用手感受一下沙盘，轻轻抓一把沙，花几分钟的时间，感觉一下沙子。如果能获得某种感觉和意象，你就可以带着它们，到模型架子上寻找自己所喜欢的小模型，放到干的或湿的沙盘上，来完成自己的沙盘作品。"心理咨询师还可以让来访者从沙盘架子上的模型着手，开始沙盘游戏："你可以先从沙盘模型架子上，花几分钟时间感觉一下那些不同的小模型，然后选择自己所喜欢的，把它们放在干的或湿的沙盘上，来完成自己的沙盘作品。"

（二）创设沙盘

　　来访者创作沙盘作品的过程，是其与沙盘进行内心交流的过程，在这一过程中，心理咨询师充当陪护者的角色，帮助来访者以一种自发的心态来创造沙盘世界，自由地表达内心的体验。在这一过程中，不能强制来访者做沙盘游戏，是否做游戏，完全取决于来访者的自愿选择，这是沙盘游戏治疗的首要原则。另外，那些有意识发展障碍、意识承受力较弱或无法有效控制自己情绪的来访者，是不适合做沙盘游戏治疗的。

（三）分析沙盘和治疗过程

　　沙盘游戏治疗强调心理咨询师的非言语和非引导性指导，因此，沙盘游戏治疗又称为"非言语性心理治疗"。沙盘游戏的治疗过程，质言之，是心理咨询师的容纳性守护、参与性观察和陪伴性探索的过程。心理咨询师做好了这三件事，也就完成了沙盘游戏的治疗过程。

　　所谓容纳性守护,是指心理咨询师在守护沙盘、沙盘游戏室的气氛及整个沙盘游戏的过程中,能够容纳来访者带来的所有问题。在此过程中,心理咨询师通过默默的观望与守护,发挥共情的力量,起到陪同的作用。所谓参与性观察,是指心理咨询师透过来访者在沙盘游戏过程中的表现与细节,察觉其中"所蕴含的心理、行为乃至无意识生命的意义"①。适当的语言交流,则要依据心理咨询基本技术(见本书第一章)的原则予以处理。所谓陪伴性探索,包含了两个层面的意思:一是来访者在沙盘游戏的自我探索过程中,始终有心理咨询师分担其压力和痛苦,同时也分享其喜悦和快乐,也即心理咨询师见证来访者的成长和变化;二是心理咨询师与来访者共同成长,心理咨询师在陪伴的过程中,发挥共情的作用,促进感应的形成与发展,产生治愈和转化的效果。

　　在容纳性守护、参与性观察和陪伴性探索的过程中,心理咨询师的一项重要工作便是分析沙盘游戏的主题。分析沙盘游戏主题的过程,是沙盘游戏治疗十分重要的一个环节。来访者的创伤性的沙盘游戏主题向治愈性的沙盘游戏主题转化的过程,就是一个沙盘游戏治疗的过程。

　　沙盘游戏治疗的主题是指个体在沙盘游戏过程中所呈现或传达的基本意义。根据瑞·米雪尔(Rie Mitchell)和申荷永②的归纳,沙盘游戏的主

---

　　①　申荷永、高岚:《沙盘游戏:理论与实践》,广东高等教育出版社 2004 年版,第 111 页。

　　②　复旦大学教授,国际分析心理学会(IAAP)心理分析师,国际沙盘游戏治疗学会(ISST)心理治疗师。

题一般分为三类：创伤主题、治愈主题和转化主题。创伤主题经常在一些早年曾遭受虐待、家庭环境不良的个案中呈现。治愈主题经常出现在一些身心发展健康、家庭关系良好的个案中。转化是沙盘游戏的根本目的，转化主题常常出现在个体的"结束沙盘"中，是创伤主题与治愈主题的纽带。

1. 创伤主题

创伤主题的表现形式众多，在服刑人员沙盘游戏治疗过程中，呈现的创伤性主题主要有混乱、空洞、隐藏、倾斜、威胁或受伤、残缺、忽视、倾斜、攻击等。

（1）混乱。表现为沙具的随意放置，彼此没有任何联系性，给人杂乱无章的感觉，如图 2-2 如示。

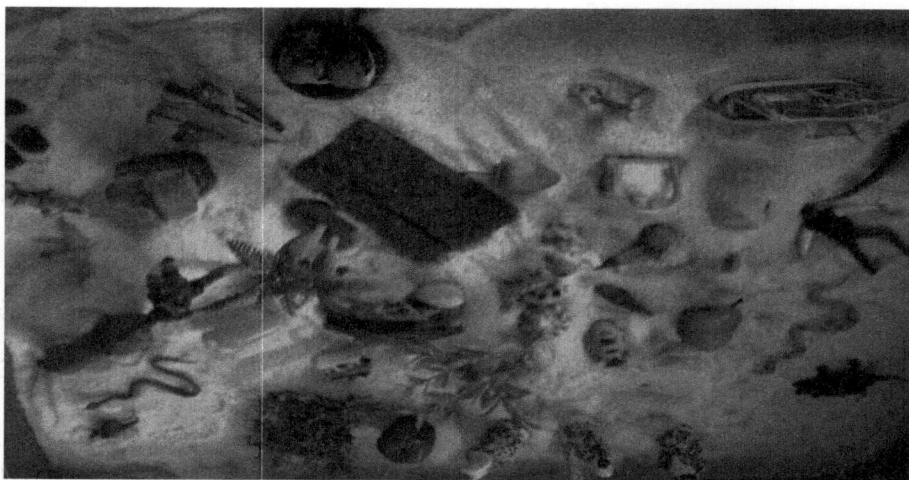

图 2-2　表现混乱主题的沙画

（2）空洞。来访者在沙盘中放置的沙具极少，或者是只使用了那些没有生命感觉的沙具，给人一种沉闷压抑的感觉，如图 2-3 所示。

图 2-3　表现空洞主题的沙画

（3）隐藏。在沙盘游戏过程中，来访者将某件沙具隐藏在另一件沙具当中，或直接将沙具用沙子掩埋起来。如图 2-4 所示，来访者将一只动物隐藏在一座小屋之中。

图 2-4　表现隐藏主题的沙画

（4）威胁或受伤。表现为已经受伤或正在受到侵袭而即将受到伤害的形象。如图 2-5 所示,几个孩子受到了一群蛇的攻击,即受到威胁或伤害。

图 2-5　表现威胁或受伤主题的沙画

（5）残缺。沙盘呈现出整体的残缺或缺失，如图 2-6 所示，来访者沙盘中摆放了鱼，却找不到河湖的任何痕迹。

（6）忽视。沙盘中的角色显得孤独和无助，失去了应有的帮助和支持。如图 2-6 所示，婴儿被孤独地搁置在椅子上，无人照料。

（7）倾斜。表现为来访者将沙具摆放成倾斜的或者坠落的状态。如图 2-6 所示，其中左侧的一棵树被倾斜地放置。

图 2-6　表现残缺、忽视、倾斜主题的沙画

（8）攻击。表现为一种破坏行为。如图 2-7 所示，展现的是一个人、兽打斗的恐惧场景。

图 2-7　表现攻击主题的沙画

2.治愈主题

在有效的沙盘游戏治疗过程中,创伤的主题常常会被治愈的主题逐渐地取代。在服刑人员的沙盘游戏治疗实践中,呈现的治愈主题主要有旅程、能量、连接、培育、趋中、诞生等。

(1)旅程。表现为沙具明显的运动迹象。如图 2-8 所示,船夫划着一只独木船顺着河道前行。

(2)能量。具有活力、生气和运动性质的沙具在沙盘中的呈现。如图2-8 所示,生长的树木、青草,就是一种能量的显现。

(3)连接。反映在各沙具物件,尤其是对立沙具物件之间的连接。如图 2-8 所示,桥梁使家庭院落与外界建立起了联系。

(4)培育。表现出为幼小的生命及其成长提供滋养或帮助。如图 2-9

所示,沙盘游戏中呈现的长者照料、陪伴孩子的情形,就是一种培育的主题。

图 2-8　表现旅程、能量和连接主题的沙画

图 2-9　表现培育主题的沙画

（5）趋中。沙盘中出现的有组织的结构，如由各种沙具搭建的整体建筑，或沙盘中呈现的具有整体性的主题性故事，或曼陀罗的圆形等。如图2-10所示，图中呈现的圆形结构表达的一个主题性故事，就是一种趋中的主题。

（6）诞生。被认为是一种明显的治愈和转化的主题，常有许多不同的表现形式。如图2-11所示，婴儿的出生（图中以助产救护车呈现）、花儿的开放、小鸟的孵化等。沙盘游戏治疗中，诞生主题的呈现，表现出个体的发展与成长，预示内心积极的变化。

图 2-10　表现趋中主题的沙画

图 2-11　表现诞生主题的沙画

3.转化主题

转化主题是申荷永在其研究和体验基础上提出的沙盘游戏新主题,是对沙盘游戏主题的完善和发展。在这一概念中,他阐述了"蝴蝶""青蛙""蝉"和"蛇"四种主要的转化象征。如图 2-12 所示,两边的蛇向小桥方向移动,桥上出现了一个力量无比强大的神父,可以看作转化主题的动态表现。

图 2-12　表现转化主题的沙画

第五节　人本主义疗法

一、理论内容

人本主义心理学于 20 世纪 50 年代在美国兴起，其主要代表人物是美国心理学家亚伯拉罕·马斯洛（Abraham H. Maslow, 1908—1970）和卡尔·罗杰斯（Carl R. Rogers, 1902—1987）。人本主义理论的先驱马斯洛的需要层次理论深入人心,为人本主义心理学的创立奠定了基础。罗杰斯认为"每个人都有积极的、奋发向上的、自我实现的需要和成长的潜力"。他在研究与实践中提出的人本主义心理学理论,突出强调人的尊严、价值、创造力和自我实现,把自我实现归结为人潜能的发挥,并以此为基础,创立了人本主义疗法。

(一)自我人格理论

罗杰斯的自我人格理论是关于自我及评价中心(locus of evaluation)的学说。自我即自我概念或自我结构,是对自己的知觉和评价。个体的这种知觉和评价涉及自我的价值,有两个主要来源,亦即两种评价中心:一是机体性的评价,二是他人的评价。如果个体以自我经验作为评价中心,那么他自己机体性的评价就是个体的评价中心,他的评价中心就在内部。如果他的价值是通过他人的评价来实现,那么他人的评价就是个体的评价中心,他的评价中心就在外部。人本主义疗法认为,来源于个体内部的评价中心是个体适应良好、心理健康的重要标志。

(二)价值条件

当个体被他人无条件积极关注时,他就能充分地体验自己的内心,获得更多的满足感和幸福感。但事实经常非人所愿:个体的某些经验行为,被重要他人予以更多的附条件的积极关注,而另一些体验因为没能符合重要他人的条件,因此被给予更少的积极关注。这种附条件的、选择性的积极关注,通常称为价值条件(condition of worth)。"大部分人在自我结构中都会拥有这部分。"①

(三)自我异化

每个个体在自我意识的形成过程中,都会有一个极其重要的需要——积极关注的内心需要(positive regard),即个体对重要他人对自己的欣赏、肯定、喜爱和认可的需要。② 如果这种积极关注的需要是在"价值条件"下获得的,那么个体就会否定自己对经验的体验而迎合他人的要求,造成自我与经验的分离,出现自我异化(self alienation),产生自我的解体和崩溃,造成适应不良,出现心理问题。如果这种积极关注的需要是在不附加任何条件的情形下获得的,那么个体就不需要牺牲自己的体验来附和他人的要求,就可以真诚地对待自己,个体的心理也就越健康。

二、治疗技术

罗杰斯提出心理咨询发生疗效的充分必要条件是共情、真诚、无条件积极关注,据此学者将罗杰斯的反应模式分为共情性反应、真实性反应、关注性反应等;③其对应的技术分别是共情、真诚和无条件积极关注。

---

① 牛勇编著:《人本主义疗法》,开明出版社 2012 年版,第 33 页。
② 罗杰斯:《罗杰斯著作精粹》,刘毅、钟华译,中国人民大学出版社 2006 年版,第212 页。
③ 徐慧、侯志瑾、黄玉:《共情与真诚:对罗杰斯三个不同时代案例的内容分析》,《中国临床心理学杂志》2011 年第 2 期,第 265—267 页。

（一）共情

共情（empathy），又称同理心、投情、神入或通情达理，即站在对方的立场思考问题，避免站在"好为人师、指点迷津"的自我中心立场，真切地理解来访者的情绪与想法，设身处地以他们的思想和情感去体会与感受周遭的人和事，使来访者体会到被尊重、被理解。共情是影响心理咨询进程与心理咨询质量的关键因素。

按照罗杰斯的观点，共情是"感觉来访者的个人世界，就仿佛是你自己但却不丧失仿佛的性质"。[①] 它包含了以下的内容：首先，共情是心理咨询师运用来访者的个案资料和言行表现，深入对方的内心世界，去意识和体验他的过去和当前的真实情感、思维，从而理解他的言行和表现。

其次，共情是心理咨询师运用自己的经验和知识，把握来访者的体验与他的人生阅历之间的联系；把握来访者的体验与其思想道德水准的联系，把握来访者的体验与其需要、愿望及心理动机之间的联系。就服刑人员而言，就是厘清其与犯罪、亲情关怀、社会支持、人格因素和思维模式之间的联系，更好地理解他自身的行为动机、需要与问题实质。

最后，共情是心理咨询师运用心理咨询技术，将自己的理解、感受和情感，明确地传达给来访者，影响对方并取得反馈信息的过程。

良好的共情，可使来访者感到自己被接纳、被理解，从而产生愉快和满足的心情，促进来访者更多地自我开放和自我探索，有助于咨访关系的建

①　牛勇编著：《人本主义疗法》，开明出版社 2012 年版，第 58 页。

立；另外，共情使心理咨询师更准确地察觉和理解来访者的思想和感情，与来访者达到更多的沟通和交流，有助于咨访关系的深入发展。以下是一个共情的谈话片断（片断2-6）：

来访者：我跟奶奶一起生活了十二年，她有时也要责骂我，让我感到不舒服。

心理咨询师：亲人的责骂大多出于善意，但却会使人感到紧张与难受。（初级共情）

来访者：我十二岁时，父亲回家了，他经常为一些小事打我，有时我会躲在角落里发抖，感到非常害怕。

心理咨询师：父亲的惩罚，让你产生强烈的紧张和恐惧。（初级共情）

来访者：嗯……有一次他还把我扔到河里。

心理咨询师：他把你扔到河里？

来访者：好几次我想自杀了事。可他仍旧不好好照顾我。

心理咨询师：年幼时的你，没有办法和父亲抗衡，你自杀的举动为的是保护自己，你想以此换取父亲的关爱，然而父亲无动于衷，你为此感到痛苦与无奈。（高级共情）

来访者：是的。

此共情片断中的来访者，人际关系紧张，有绝食、与他犯争吵甚至打架等行为。某晚，他用尖的手指甲割伤手臂部较大的静脉，被及时发现送医院救治。通过上述共情谈话,一是有力地缓解了来访者的负性情绪,使他能够很好地介绍自己的情况;二是让他感到被理解和接纳,使他的求助动机逐渐增强,自信心逐渐恢复。

运用共情,还需要把握以下几个方面:

1.运用非评判性共情。共情是心理咨询师走出自己,站在对方的立场体验对方的认知、情感和思维,是让自己站在来访者的角度体会对方的酸甜苦辣和喜怒哀乐。因此,这种体验应该是非指导性的,否则会产生无效的共情,甚至产生有害的共情效应。比如,将上述谈话片断(片断 2-7)中的共情作以下修改:

来访者:嗯……有一次他还把我扔到河里。

心理咨询师(回应一):那一定很可怕。(共情)

心理咨询师(回应二):那一定很糟糕。(共情)

心理咨询师(回应三):太可怕了,你能挺过来,证明你是坚强的。(共情)

心理咨询师(回应四):你真可怜。(共情)

如果回应"那一定很可怕"或者"那一定很糟糕",就是一次指导性的共情。它是对来访者内心所体验的糟糕程度的评判,虽然也是一种共情,却是无效的共情沟通,甚至在某种程度上,会让来访者明确地感受到事情的严重性而产生有害的共情效果。如果回应"太可怕了,你能挺过来,证明你是坚强的"或者"你真可怜",同样也是一种带有评价性质的共情,况且,"你真可怜"的评判,是一种不恰当的同情。来访者可能会因此受到鼓励而内心感到些许的安慰,却可能因为再次受到评判,而拒绝进一步的自我探索,拒绝进一步的情感弱点表露。

2.运用非言语技术。非言语性的共情,如充分运用语音、语调、表情、姿势等所体现的共情,有时比言语性的共情更有效。如上述谈话片断中,心理咨询师对来访者"有一次他还把我扔到河里"进行回应时,通过语调和声调中传递的轻微共情(语气中带着惊讶),让来访者感觉到被理解和同情,往往比直接的言语性共情,如"你父亲真不应该这样做"的表达更有效果。这样来访者就会更愿意探究问题的各个方面。比如,在随后的谈话中,他就向心理咨询师提供了重要的信息:"好几次我想自杀了事。"

3.运用准确的共情。准确的共情,需要由初级共情逐渐过渡到高级共情。初级共情只触及来访者表层的感受、情感与想法,而高级共情一方面是心理咨询师深入体会到来访者内心的诸多情感,尤其是来访者原本无法感知到的麻木情感,或是其未知或想无意识回避的部分;另一方面心理咨询师还能够理解与明悉其痛苦的根源,理解其内在的动机、需要与愿望等,见以下谈话片断(片断 2-8)。

来访者:他(组长)总是喜欢指责别人,让我感到很别扭。

心理咨询师:他的批评使你感到难受。(初级共情)

来访者:(沉默良久,欲言又止)……

心理咨询师：别的情况呢？

来访者：(犹豫不决的样子)他(组长)还喜欢在警官面前告我的状，可他自己却不能以身作则。

心理咨询师：他的行为让你感到愤怒；你希望他能实事求是地在警官面前反映情况，而不是无事生非，更不希望自己受到冤枉与委屈。(高级共情)

来访者：噢。(如释重负、心舒气畅的样子)

上述交谈颇费周折。在这个过程中，由于心理咨询师一开始的初级共情并不能准确体验到来访者深层的愤怒情绪，以及希望得到合理、适当对待的心理需要，险些使来访者中断表达，而使心理咨询无法深入进行。

(二)真诚

真诚(genuine)是心理咨询师在心理咨询过程中表现出来的真诚、一致与真实的品质，一种与来访者沟通时显露出来的开诚布公的态度和诚恳忠实的情感。在心理咨询过程中，咨询师越能展现真实自我，为来访者提供一个安全自由的氛围，提供一个良好的榜样，就越能促使来访者的人格成长，正如罗杰斯所描述的："如果咨询师越是不戴专业的面具或个人的面具，来访者就越能发生建设性的改变和成长。"①

真诚的表达，首先是一种真实坦诚的态度。心理咨询师不必在来访者

---

① Carl Ransom Rogers, *On Being A Person*(Boston：Houghton Miffin，1961)，P.50.

面前过多表现自己的完美,既不装腔作势,刻意修饰美化自己,也不妄自菲薄,而是以一个真实的自我出现在来访者面前,让来访者觉得安全、亲近和可信,以化解来访者的心理防御,促使来访者开放自己、表达自己、袒露内心,拉近咨访双方的心理距离。

　　真诚的表达,不只是一项技术,更是一种艺术,一种发自内心的自然流露。同时,真诚的表达,应遵循有利于来访者成长的原则,因此,真诚不等于诚实,不等于畅所欲言。真诚也不是针对来访者的有感而发,更不是咨询师的自我情绪发泄。咨询师表达真诚时还要避免攻击或谴责性的言辞,否则会对来访者造成伤害。

　　真诚的表达,通常体现在咨询过程中的自我表露和即时化两项咨询技术中。即时化,是指咨询师表达此时此地的感受和想法,主要包括咨询师谈论咨访关系和表达当下的情绪和想法。自我表露,是指咨询师表达自己对彼时彼地事件的看法与感受,主要包括咨询师表达自身对某一问题的观点看法和咨询师袒露自身的经历。在运用这两项技术进行真诚表达时,咨询师要始终坚持一个信念,即:"我的真诚是否对来访者有益?"下述为一个谈话片断(片断2-9):

　　来访者:三岁之前,母亲就与父亲离婚不管我了。我那么小,她就舍得扔下我,我真恨她!

　　心理咨询师:你很小的时候,母亲就不管你了,你一直为这事怨恨她。

　　来访者:虽然父亲养育我,但他也时常责骂甚至体罚我。

心理咨询师：让我告诉你我现在的感觉吧，此时此刻我觉得我们两人之间的感受非常相近。（即时化）

来访者：……（沉默不语）

心理咨询师：我非常理解你的那种感觉，因为我曾经也有过被父亲责骂的那种感觉，而且知道那种感觉让人非常痛苦。（自我表露）

来访者：嗯嗯。（身体倾向咨询师，表现出对咨询师的信任与亲近）

(三)无条件积极关注

无条件积极关注（unconditional positive regard）的核心是接纳和尊重。接纳是对来访者的一种充分尊重和信任，能使来访者获得安全感、温暖感和自我价值感，提高自尊心和自信心。

1.无条件接纳。无条件接纳就是对来访者的所有优缺点、所有价值观都要予以完全、完整接纳。来访者的思想道德、人生信念、心理行为可能存在诸多问题，因此，这种接纳不是对其价值观和不健康心理的认同，也不是对其错误言行的回避和掩藏，而是心理咨询师怀着诚恳的态度，帮助来访者探讨问题成因，剖析问题根源。此时心理咨询师的接纳，发挥着一种类似容器的作用，让来访者的各种思想信念和心理品质在心理咨询师的态度容器中留存，进而发酵、提纯，实现其思想和心理的改变与涅槃，达到品行和人格的重塑。

2.无条件关爱。服刑人员心理咨询的咨访双方，就法律地位而言是不对等的,但就人格层面的关系而言,双方又是平等的。平等关系是建造咨访关系大厦的重要基石,缺少平等的基础,咨询目的的实现就会变得虚无缥缈,咨询目标的达成也会南辕北辙。心理咨询师以一种富有爱心和耐心、亲切及和善的真诚态度温暖、接纳来访者,才能让来访者对心理咨询师产生完全的信任。当然,对于心理咨询师而言,这种接纳的思想理念和心态须是发自内心的,表面上的热忱,或许会让来访者在意识层面短暂接受,但潜意识层面的内心深处,来访者可能完全感受不到来自心理咨询师的真诚和善意,并在无意识的层面默默地破坏着咨访关系。这就意味着,在心理咨询过程中,不宜过分强调技术和技巧的作用,而应注重内心的真诚和真爱。心理咨询师发自内心的、无条件的关爱才真正具有助人效应。

3.无条件关注。心理咨询师要以自己独特的方式把爱、关注与温暖传递给来访者,心理学家默恩斯曾指出一些能非常表现心理咨询师无条件关注来访者的 14 种表现形式,笔者的心理咨询实践表明,以下 9 种方式,在对服刑人员的心理咨询中加以运用,通常能取得良好效果:[①]

(1)走到门口迎接来访者;

(2)与来访者握手(必要时);

(3)微笑;

(4)使用温和的语气;

---

　　① 默恩斯、索恩:《以人为中心心理咨询实践》,刘毅译,重庆大学出版社 2010 年版,第 100 页。

（5）保持眼神接触；

（6）当来访者叙述一件有趣的事时发自内心地大笑；

（7）用语言表达出热情；

（8）对来访者表现出真正的兴趣；

（9）身体倾向来访者。

第六节　叙事明理

一、方法介绍

叙事明理的技术方法主要用于矫治服刑人员，尤其是未成年服刑人员的犯罪心理与犯罪思想。服刑人员走上犯罪道路，受到内因和外因两种因素的共同作用。外因方面，主要是家庭、学校、社会、传媒等环境中的不良因素；就内因而言，则是个体内在的不良思想和心理因素。"外因通过内因而起作用"，服刑人员内在不良思想和心理是他们走上违法道路的主要犯因性因素。因此，矫治不良心理和思想也就成了教育改造罪犯的重中之重。

中华优秀传统文化是中华文明的智慧结晶和精华之所在，是中华民族的根和魂，是我们在世界文化激荡中站稳脚跟的根基。采用"经典精神分析""意象对话""沙盘游戏""房树人测验"等技术，对于矫治服刑人员的异常心理效果确切；而运用中华优秀传统文化的思想，对于纠正他们的不良心理尤其是犯罪心理，同样能起到良好的效果。叙事明理技术，正是笔者受我国优秀传统文化思想，如《周易》"观我生，进退""无妄往吉"，《老子》"自胜者强"，《论语》"仁、义、礼、智、信"等的启发，在矫治服刑人员工作的实践中总结形成的，用于矫治服刑人员不良思想和犯罪心理的一套独特的创新方法。叙事明理技术适用于心理状态基本正常的服刑人员。

《老子》一书蕴含了精彩的辩证法思想和关于社会、人生的种种精辟论述。《老子》第二章说"是以圣人处无为之事，行不言之教，万物作焉而不为始"。① 它的意思是说，"圣人"要去做"无为"的事情，施行"不言"的教化，就像天地遵循自然法则一样，任凭万事万物生长繁育。"处无为之事，行不言之教"是老子的方法论之一，将它引入服刑人员心理矫治领域，自然可以包含以下两方面的含义：一是心理咨询师以身作则率先垂范，以优良的道德情操和实际行动感化服刑人员；二是心理咨询师以事明理，以富有启发意义的典故、寓言、神话、传说、童话、哲理、史实等故事说明处事立人的道理，启迪服刑人员的心灵。上述两个方面正是叙事明理技术形成的思想源泉和理论基础。

将叙述故事作为矫治服刑人员的一项有效手段，体现了"处无为之事，行不言之教"的思想。"儿童道德品质的形成有赖于儿童对道德行为规范

① 老子：《道德经》，李若水译评，中国华侨出版社2014年版，第12页。

的社会意义的理解,把这些观念'内化'为性格的组成部分。"①通过讲述故事的方法,有利于儿童对道德行为规范的社会意义的理解。叙事明理技术将"以事明理"作为矫治的载体,用故事为服刑人员提供一个"体味真诚、善良、仁爱和勤劳魅力"的机会,展现一个"探索生命意义、感受生活真谛"的新天地,在不经意间触动他们的心弦,让"真善美"化作一股股清泉,滋养他们干涸的心田,使矫治服刑人员变得更有成效,也更富有人性。

最常用的讲述故事方法有"旁敲侧击"叙事法和"醍醐灌顶"叙事法,前者是从侧面迂回击中要害,让服刑人员反省;而后者是正面引导促进服刑人员感悟。实际应用中,更多的是两种方法的交替使用。如因"骄奢淫逸、不劳而获思想严重"而导致犯罪的服刑人员,往往认识不到自身的犯罪根源,而将犯罪的原因归结为"外部环境",如"社会的不公"和"他人歧视"等。对这样的服刑人员,心理咨询师可以引用"乌鸦搬家"的故事对他进行侧面提醒,再用"乞丐搬砖"的故事启发他,使他逐渐觉悟到自己的错误认识。

《老子》第三十三章说"知人者智,自知者明"②。它的意思是说,善于了解别人叫作智慧,善于了解自己叫作高明。对服刑人员实施矫治的过程,从本质上来说,是一个"心理咨询师解读、分析、引导、启发服刑人员,从而促使他们实现自我了解、自我反省、自我忏悔"的过程,也是心理咨询师

①　高玉祥:《健全人格及其塑造》,北京师范大学出版社1997年版,第232页。
②　老子:《道德经》,李若水译评,中国华侨出版社2014年版,第166页。

运用聪明才智，使他们克服自己的弱点而变得强大，达到"自胜者强"境界的过程。鉴于此，笔者将叙事明理技术的操作过程，大致分为知人、自知、启发和巩固四个阶段。

二、矫治过程

(一)知人阶段

"不积跬步，无以至千里"，知人阶段是心理咨询师了解熟悉来访者的阶段，是叙事明理技术中"积跬步"的起始阶段，也是矫治取得成效的关键阶段。这一阶段，主要由来访者向心理咨询师讲述他的人生历程。主要涵盖的内容有：第一，家庭基本情况，如主要家庭成员及其职业爱好、素养品行、行为习惯，家庭气氛和亲子关系等，重点要求其讲述发生在家庭中刻骨铭心的生活事件。第二，学业品德情况，如学习态度、师生关系、同学关系、品德操行等，重点要求其讲述发生在学校的印象深刻的重要事件。第三，个人社会生活环境，如交友情况、社区治安状况、邻里和睦度等。第四，身体情况，如有无重大生理疾病和精神疾病，有无家庭遗传病史等。第五，主要的犯罪事实与经过，如作案方式、作案时间、作案时的心理感受等。

在这一阶段，心理咨询师要创造性地运用心理咨询的基本技术，充分展示对来访者的接纳、尊重和积极关注，取得来访者的充分信任和积极配合，通过真诚倾听，使来访者的情况了然于胸，对他的思想品行作出恰如其分的评估。

（二）自知阶段

自知阶段是心理咨询师帮助来访者了解自己、审视自我、反省自身的阶段。"观我生，进退"（《易经·观卦三爻》）是指"观察审视自己的所作所为是否合理，然后确定进退的方法"。"自知者明"但同时自知者难，要让服刑人员透彻地了解自己，确定进退之道，绝非轻而易举之事。通过第一阶段的工作，心理咨询师已然掌握来访者的情况，大到来访者的思想特点、道德品行、处世态度、人生信念，小到来访者的犯罪经过、犯罪起因、犯罪动机，都有了相当的把握。但直接相告，未必能得到来访者的认可，效果必然不好。因此，在这种情况下，心理咨询师的巧妙点拨就显得特别重要。

"人孰无过？过而改之，善莫大焉"，在这一阶段，在促成来访者自我了解的同时，要鼓励他们重建自信心，坚定重新做人的决心。矫治的第一阶段和第二阶段有时是同时进行的。心理咨询师在"知人"的同时，会不失时机地让来访者"自知"。在第二阶段，心理咨询师如果能让来访者比较全面地看透自己，恢复重做新人的信心，就达到了该阶段的目的，也为第三阶段的矫治夯实了基础。以下是一个谈话的片断（片断 2-10）：

来访者：我 5 岁那年，父母离婚了。

心理咨询师：你跟谁一起生活？

来访者：开始我随父亲生活，后来他外出打工，我便与爷爷奶奶相依为命。十六岁那年，父亲把我带到了温州，我也开始了打工生涯。

心理咨询师:可惜年纪还小,本该还在上学。

来访者:在厂里,我认识了一个贵州女孩李萍(化名)。自从父母离婚后,我就像一个野孩子,平时衣服脏兮兮的,没有什么伙伴跟我玩,内心时常是孤独的。但与萍交往后,她那美丽的外表和可爱的笑容像一个春雷,惊醒了我沉睡已久的心灵。我和她频繁约会,一起连夜上网,一起连夜劲舞,玩得非常开心。

心理咨询师:你们开始热恋。

来访者:可是我很快发现,萍还另有男友。有一次,我到萍的住处,看到了这辈子永远无法忘记的一幕:她和另一个男孩拥抱在一起还有说有笑。我当时就崩溃了,眼前一黑便不省人事。

心理咨询师:你一时无法接受这样的事实。

来访者:我被送到医院救治,出院后,我暗自发誓一定要给这个女孩子好看!

心理咨询师:一心想着报复她。

来访者:我找准机会悄悄跟踪到她家。当我一眼看见里面还有上次那个男人时,就立即抄起早就预备好的铁棍,向他一阵乱打,并搜掉了他随身的票夹。萍趁机报了警,当警察赶到时,那男人已头破血流、奄奄一息了。

心理咨询师:你当场被抓。

来访者:是的。当时我有些害怕。

心理咨询师:"一失足成千古恨",失足总归有深层的原因吧。

来访者:要是萍不背叛我,我就不会犯罪。

心理咨询师：德国大音乐家贝多芬，在三十一岁时，爱上"琪丽哀太"姑娘。但由于贝多芬身患耳疾，生活艰难，娇气而又自私的"琪丽哀太"姑娘最终抛弃了他，移情别恋。可贝多芬并没有因此沉沦，相反，他从音乐中寻到了安慰，发奋创作写出了"第二交响乐"。五年之后，他与"丹兰士"的爱情又被毁了，一次次无情的打击反而更坚定了他为事业奋斗的决心和毅力，他接连创作出"第七交响曲""第八交响曲""第九交响曲"，成了伟大的音乐家。

来访者：看来失恋并不是导致我犯罪的真正原因，是心中的邪恶把我送上了法庭。

（三）启发阶段

启发阶段是矫治的核心阶段。这一阶段，心理咨询师以一定的主题故事，以事明理，引导来访者寻觅开启心灵的钥匙，通过自我觉醒和自我评价，找到解决自身思想道德问题的良方。这一阶段，也是来访者凭借内心信念对自己的行为进行善恶评判的过程。来访者接受内心"道德法庭"的自我"审判"，从某种意义上说，比起真正的法院法庭的审判更深刻、更有震撼力。我国古代圣贤十分重视"吾日三省吾身"，即每天检查自己的言行是否有不妥当的地方。通过启发阶段的矫治活动，让服刑人员达到"吾日三省吾身"的境界，经过自我剖析、自我批判、自我悔醒，形成正确的道德信念和人生价值观。

　　"好逸恶劳、见利忘义、贪婪成性、善恶不辨"既是服刑人员走上犯罪道路的主要思想因素,也是服刑人员狱内的主要思想行为特征(特别在刚入狱阶段)。从中华优秀传统思想文化宝库中,甄选一些以"仁爱、勤劳、诚信、孝道、廉耻"为主题的故事,使服刑人员产生心灵的共鸣,引发他们内心的震撼和自我"审判",启迪他们的"善心",唤醒他们的"良知",使他们形成"仁爱友善、勤奋勤劳、真诚守信"的思想品质,是该阶段矫治取得成效的关键因素。

　　1.仁爱友善主题。"仁爱"是《论语》的核心思想,也是最能触动服刑人员心灵的因素,如"仁者爱人","己所不欲,勿施于人"等思想对服刑人员的人生价值观、思想道德观的重塑大有裨益。中华优秀传统文化中蕴藏着取之不竭的真理,有许多体现怎样做人、如何做事的典故。体现"友善仁爱"主题的故事,在传统文化宝库中更是俯拾皆是。如安徽《桐城县志》记载的关于"六尺巷"的故事、"七里禅师"的故事、"财富、成功和爱"的故事等,都是体现"仁者爱人"思想的典故。

　　2.勤奋勤劳主题。"天道酬勤"是一个颠扑不破的真理。《商书·盘庚上》说:"若农服田,力穑乃亦有秋。……惰农自安,不昏劳作,不服田亩,越其罔有黍稷?"意思是说:就像农夫种田一样,只有努力耕作才能取得丰收。……生性懒惰的农民习惯于安逸与享受,不进行辛勤的耕耘、不从事艰苦的田地劳动耕种庄稼,哪里会有黍稷食粮可以收获呢?然而,有相当多的服刑人员尤其是盗窃型罪犯,习惯于安逸与不劳而获;"凿壁借光""乞丐搬砖"等故事都是勤奋、勤劳为主题的故事,在矫治过程中,这些故事的引述能在不知不觉中改变这些服刑人员不劳而获的思想。

3. 真诚守信主题。诚实守信,是中华民族的传统美德,也是当今社会公民道德的首倡之举。劝导与人为善的儒家学派认为"诚信乃人性之本,天道之源"。追溯古代《周易》的思想,也早有"诚信立身之本"的观念。《易经·无妄卦初爻》说"无妄往,吉",意思是,"不违背正道,符合自然规律和社会规律行动的人,到哪儿都吉利"。《易经·中孚卦》说"中孚:豚鱼,吉。利涉大川,利贞"。此处的"孚"作"诚"解,全句的意思是,内心有诚,连愚笨的豚鱼都可以感动,是非常吉利的事。同时利于涉水过河,处处正确而吉祥。以诚信为主题的故事,在古籍中也有很多,如《左传》上记载的"食言而肥"、《韩非子》上记述的"曾子杀猪"的故事等。以诚信为主题的故事,目的在于引导服刑人员生发"无妄""有孚"之心,形成诚实守信的品格。以下是一个谈话的片断(片断2-11):

来访者:在好奇心的强烈驱使下,我跟着同学迷上了形形色色的网络游戏。

心理咨询师:从此你无心上学了。

来访者:自从接触了网络游戏,我就离家出走了,也就不上学了。有时我会一连几天几夜"蹲"在网吧上网,饿了就出去找点吃的,困了就在台桌边打个盹。

心理咨询师:玩网络游戏需要花不少钱吧。

来访者:因为缺钱,我与玩伴一起偷卖电缆。

心理咨询师："天网恢恢，疏而不漏"，干坏事总是要被抓的。

来访者：正当我们疯狂作案之际，从天而降的警察给我戴上了冰冷的手铐。我因破坏电力设备罪被判刑三年六个月。

心理咨询师：你有过后悔吗？

来访者：在法庭上我就流下了悔恨的泪水。想想要是父母对我管得多些，我就不至于厌学并迷上网络游戏，也就不会走上犯罪道路。

心理咨询师：你觉得父母管教失当了？

来访者：记得初中一年级时，我的学习成绩还过得去，在班级处于中等水平。但随着父母工作越来越忙，管我的时间越来越少，我的成绩开始下滑。

心理咨询师：你就开始玩网络游戏？

来访者：后来我对学习产生了厌恶感，成绩一落千丈，随后就迷上了网络游戏。

心理咨询师：学习成绩的下滑主要还是你没有"勤奋学习"的意识。

来访者：也许是吧。

心理咨询师：西汉有个大学问家匡衡，他幼年时非常喜欢读书，但因为家境贫寒，晚上家里没有油点灯。匡衡就在墙壁上凿了洞，让邻居家的烛光从洞里透过来照着读书。

来访者：他的勤奋好学令人感动。如果我也有好学的精神，就不会走到今天的地步了。

心理咨询师：俗话说："穷者不可耻，偷盗者可耻！"

来访者:当时我是想偷几次就"洗手不干"的,谁知很快就被抓了。

心理咨询师:你听过一个"明年再不偷鸡"的故事吗?

来访者:有个人每天都要偷邻居家的鸡。好心人劝他说:"偷盗是可耻的行为,应该及时改正。"偷鸡人听后很不以为然,他说:"我也知道偷鸡不好。这样吧,我以后改为每月偷一次,而且每次偷一只鸡,一年之后,我不偷就是了。"

心理咨询师:嗯,你认识到什么呢?

来访者:知道自己错了,我会及时改正。可惜我当时没有意识到这一点。

(四)巩固阶段

"内化于心、外化于行"才能构筑起服刑人员的道德长城,构建起他们"知善、向善、学善、扬善"的道德品行。因此,这一阶段的主要任务,是要求服刑人员将在前几阶段中获得的理解与领悟,付诸行动,从中华优秀传统文化中汲取营养,冲破内心的种种阴霾,做到"知行合一"。在此阶段,心理咨询师主要是做好提醒和督促,帮助他们将"勤劳善良、诚实谦让、仁爱宽容"的思想品质落实在接受改造的实际行动之中,达到"真善美"的思想和品行相互一致的境界。

心理咨询技术就如心理咨询师手中的"手术刀",只有娴熟地掌握,才能熟练地解析来访者的心灵,达到重塑其思想与人格的目的。本章所述房树人测验、意象对话、沙盘游戏和叙事明理等心理咨询与矫治技术，既可以用于对来访者的个别心理咨询与矫治，也可以用于对他们的团体心理辅导。需要注意的是，这些心理咨询与矫治技术的运用，务必因时制宜、因地制宜、因人制宜，并在来访者乐意接受的情形下进行；另外，对心理咨询师而言，对来访者"真诚的爱"特别重要。这些心理咨询与矫治的技术，只有融入了心理咨询师至诚至深的爱，变成一首首悦耳动人的乐曲，才能最终感化来访者，促使他们的心灵净化、人格成长。

实务篇·心理咨询案例

第三章　情境重构：夯实心理健康的奠基石

本章的心理咨询案例介绍，探寻了服刑人员由于基本社会化和预期社会化过程失败，而阻碍其思想和心理健康发展的关键因素，揭示了服刑人员走上违法犯罪道路的犯因性心理因素。

虐待、忽视、宠溺与遗弃是本章案例来访者家庭养育情境的显著特征，心理咨询师的工作，就是帮助他们在心中重新构建起良性的养育情境图式（scheme），从而促使他们以感恩之心，满怀自信地面对新生活，成为自食其力的守法公民。

第一节　"没娘"的孩子

这是一个具有边缘性人格问题①服刑人员的心理咨询案例。咨询师主要运用房树人测验和意象对话等技术，开展个案咨询活动，较好地解决了来访者安全感缺失的问题，取得了预期的效果。

一、基本情况

一般情况：马某，男，17 周岁，犯抢劫罪和强奸未遂罪，数罪并罚被判处有期徒刑 14 年，初中二年级文化程度，体型肥胖，国字形脸。

日常表现（咨询原因）：易怒易激惹，具有极强的攻击性；害怕民警，却又时常不服从管理教育；很少与他人沟通，又易与他人发生争执甚至打架；有数次吞刀片自杀、自残的行为。

自我描述："我是一个没妈的孩子，理应有更多的照顾。"

---

①　因其不满 18 周岁，不符合人格障碍的诊断标准。又因其有这种倾向性，故称"边缘性人格问题"。

二、咨询过程

(一)

初次面谈,他说起了往事。

"我出生在一个支离破碎的农民家庭,爸爸是个聋哑人,妈妈一生下我就与爸爸离婚,'远走高飞',不知去向。我从小与爷爷奶奶相依为命,没有父母亲的管束与疼爱,让我早早地体验到了生活的艰辛。"他红着眼,噙着泪花,向我诉说着委屈。

"必定有一些人或一些事让你刻骨铭心。"我有心点亮话题。

"在学校里,我经常受到同学的嘲弄和欺侮。有一次,学校要求交 200 元的学杂费,上课铃刚响起,我的同桌就大叫起来,说自己放在书包里的 200 元学杂费不见了,还大声质问我:'是不是你偷了?'全班 40 多双眼睛齐齐地扫视着我,让我感到深深的不安,一种不寒而栗的恐惧向我袭来,我仿佛觉得自己马上就要崩溃了。我竭力替自己辩解,但这种解释显然是苍白无力的,他们根本就不相信我。同桌要求搜身,我坚决不同意。'一定是你偷的……'同桌的辱骂和讽刺深深刺痛了我的自尊心,我当时紧握拳头,高高举起却又无奈地放下。"

"你不想打架,因为你是一个好孩子。"我说。

"我不能打架,我不能给奶奶惹麻烦。"他说,"为了证明自己的清白,我只得接受同桌提出的无理要求。当着全班同学的面搜身检查书包,我感到巨大的屈辱,但我不能反抗。'你把钱藏到哪里去了?'同桌的责问像炸弹一样摧毁了我仅存的理智,使我再也控制不住自己的情绪,我将书包狠狠砸向同桌,疯一样地冲出了教室。"

他诉说着,委屈的泪水无声地滑落。我知道这样的事情让他受伤太多,我能说什么呢,此时任何言语性的抚慰都是苍白无力的。还是在旁默默地陪伴着他,让他用自己的泪水冲刷内心的伤痛吧。"那天我跑了很远,也想了很多。我想继续读书,但又不知道该怎样面对同学和老师;退学不读书吧,自己的努力和希望都将成为泡影,更对不起爷爷奶奶多年的操劳。我当时内心真是非常的矛盾。"

"这件意想不到的事,在你的内心深处留下了挥之不去的阴影。"我说道。

"第二天我鼓起勇气去上学,但同学和老师冷漠的眼神让我再次感到不安和慌乱。在同学异样的眼神中,我似乎读懂了自己并不属于这个群体。"他不无痛苦地诉说着。

"那你怎么办呢?"我盼望着他的故事有一个好的结局。

"我开始讨厌这个班级,开始讨厌学习。为了逃避学习,回避同学,我放弃了学业,整日逃课。我开始上网玩游戏,由随意的玩耍到热衷再到沉迷,我似乎找到了自己的归宿。我从此经常和几个好'朋友'逃课去上网:几天几夜地玩,吃在网吧,睡在网吧。爷爷气得心脏病发作,还为此几次打我。可爷爷的教训并没有使我回心转意,渐渐地我喜欢和社会上的'混混'

搞在一起。近朱者赤，近墨者黑。当我成了他们的一员之后，就和他们一起叼着香烟，混迹于大街小巷。我沉沦于上网和黄色录像，学会了抽烟、喝酒、吸毒，还迷上了赌博。"

　　归属、爱以及尊重的需要是人类基本的需要。马某得不到来自家庭与学校的关爱，却在社会的不良同伴中寻到了"爱与尊重"，在与这些社会小"混混"的交往中，找到了心灵的港湾，获得了渴望拥有的"安全感"，获得了极大的情感支持。不良的同伴交往成了促使他走上犯罪道路的催化剂，这也正是众多未成年人走上犯罪道路的重要原因之一。

　　"你已经离不开他们了。"我猜想着说。

　　"我与他们如影随形，我打架斗殴、恐吓路人、勒索他人，我经常和我的'朋友'们出入一些娱乐场所，诸如溜冰场、网吧、迪吧、酒店等地方。我简直无恶不作，虽然有时我也挺害怕的，但让我感到更多的却是开心。"他脸上闪过一丝笑意，转瞬即逝。

　　"你与他们一起玩得很开心，可这些都是违法行为啊！"我痛心疾首地对他说。

　　"我已经管不了那么多了。我玩得十分的疯狂，十分的开心，感觉也十分的好。当时，我就想人生本该如此。"他边说边撩起衣服，让我"欣赏"他身上的一道道伤疤。

　　马某身上一道道的伤疤，成了他炫耀的资本。他沉迷于采用暴力胁迫手段劫取他人财物的生活不能自拔，还妄言这就是他的人生。他贪婪笑容背后的灵魂就此堕落。我显然不能认同他的这种做法。但我内心再抵触，也不能就此放弃对他的谈话；我虽然不认可他的人生价值观，但还是怀着充分接纳的诚意，给予他无条件的积极关注：开导他，劝说他，使他有所思，有所悟，有所变。

　　"你是如何走上犯罪道路的？"我继续耐心地听他诉说，倾听他内心的声音，找寻他堕落的轨迹。

　　"有一次，我在网吧门口等人，看到有一个'哥们'与他人打架，就冲上去帮他。我一顿拳打脚踢把对方打倒在地，并抢走了对方的手机和 400 余元现金。还有一次，我和朋友李某等人在舞厅玩，朋友因不小心打翻了黄某的酒杯。黄某破口大骂，我朋友为此与他吵得不可开交。我见朋友被别人指着大骂要吃亏，就冲上去朝对方的脸上打去，见对方也有朋友帮忙，就抽出随身携带的钢刀砍向对方。在舞厅老板的制止下，我和朋友才罢手离去，最终还是造成对方两人重伤、一人轻伤的严重后果。还有一次，我在某娱乐城玩游戏机时，看到昔日与自己有过节的同学，就冲上去掏出一把军用匕首朝他捅去，幸好没有伤到要害处。"

　　"为讲'朋友'义气而伤害他人。"我不无遗憾地说。

　　"17 岁那年我随堂哥来浙江，在一家酒吧打工。堂哥犯事被捕入狱后，我就与老板大吵一场。之后我南下福建、广东等地找活，2010 年，我只身重返浙江，先后辗转宁波、温州、台州等地的赌场打工，帮老板收场子费。其间，我交过几个女朋友，都因为难以相处而分手。那天，与朋友一起大喝一场之后，我又吸了几口'白粉'聊以自慰，因为百无聊赖，我找到了已经分手的女友。我控制不住自己的激情，想与她亲热，没想到她不但不从，还大喊大叫。我一时气愤，就打了她，并拿走了她的手机和钱包，可是我并没有杀她的意思啊。"他一口气说完，带着些许悔意。

　　我翻阅过他的档案，上面的记载是："马某多次采用暴力胁迫手段劫取他人财物，违背妇女意志，使用暴力胁迫手段与妇女发生性关系，为掩盖犯罪事实，故意杀人（未遂）。"这就是他的罪证，从厌学、逃学到抽烟、喝酒、吸毒，赌博，再到打架斗殴、勒索抢劫，马某一步步地走向了罪恶的深渊，我相信杀害女友，也并不是他的本意，但在酒精和毒品的双重作用下，他向"地狱"迈出了可怕的一步。善与恶仅是一念之间，天堂与地狱也是一步之遥。马某的堕落，马某的善恶转换，既有家庭亲情的因素，也有世俗偏见和玩伴的因素，还有不良的心理思想因素，正是这些错综复杂的因素，使一个天真纯洁的未成年人走上了违法犯罪的道路。

　　认真倾听来访者内心的烦恼，宣泄他们内心的积怨，就能使他们的情绪变得稳定，态度变得和善，人际关系得以改善。心理谈话有时就这么简单，"倾听、共情、再倾听、再共情"，就有很好的效果。通过这一次的交谈之后，马某的各种状况有了明显缓解的迹象。当然，这种好转只是暂时的，因为我尚未真正触及他的内心深处，平静洋面之下的旋涡随时都可能爆发出具有破坏力的能量。

（二）

"我是一个很不幸的人，你们应该对我更多地照顾……"这是此次谈话中，他说得最多的一句话。

我静静地听着马某的叙说，陷入了沉思。是啊，他真是一个不幸的孩子，自从呱呱坠地，就与母亲分别，至今，他都不知道自己的亲生母亲究竟长啥模样。他说，他对自己母亲的感情是复杂的，既有一种彻骨的恨，也有一种念念不忘的情。正是这种爱与恨的交织，让他的心灵备受痛苦的煎熬。

他告诉我："父亲是个聋哑人，自从母亲走后，我就跟着爷爷奶奶生活，自懂事起，我就知道自己是一个没有妈的孩子，是一个不被亲人喜欢的人。"当然，这可能是他的一个误解，他的母亲也并非一定不喜欢他。弃家庭而走，离他而去，或许她自有苦衷。但无论如何，对孩子的伤害都是巨大的。

"在家里，我因为贪玩和不听话，经常会受到奶奶的责骂，遭到爷爷的责打。"他说，"他们根本不在乎我。在学校里，同学骂我是一个没娘的孩子，我气不打一处来，就与他们吵闹、打架；有时我还会与老师争吵。想起那次我被冤指偷钱的事，我就感到气愤异常，也痛心无比。"

"你有过开心快乐的时候吗?"我问他。

"有两段时间最让我开心。一是离开学校之后,进网吧玩网络电子游戏的那段时间,游戏中那些打打杀杀的场景,让我觉得很过瘾,使我觉得自己是个很了不起的人;二是与我的同伴们在一起的时候,那时我与他们'同呼吸共命运',真让人难忘。"

看着眼前的马某,我不禁想起一句民间俗语:"三岁看大,七岁看老",意思是说,一个人在幼年时期形成的性格、脾气会影响他一辈子。心理学研究表明,一个人幼年时期的成长经历和重大生活事件,对他的成长和发展起着至关重要的作用。甚至有心理学家指出:每个人的人生大纲大约在六岁前就制定好了,每个人的一生,其实只活了六年,可以毫不夸张地说,以后的事,都是在此基础上的"表演"。而真正地活出自己,只不过六七年的光景。六岁前幼年时期的马某,是在一个缺乏爱与关心的、结构不全的家庭中长大的,可以想见,被抛弃、被忽视的不安全的情感体验始终伴随着他,正如他所说的,"自己是一个没妈的孩子",这种伤害是他心灵永远的痛。安全感是心理健康的基础,是构建一个人健康心理大厦的基石。具有安全感的人自信、坚定、积极、性格开朗、意志顽强,人际关系良好。

幼年期是个体形成安全感的重要时期,父母尤其是母亲在孩子幼年的时候,如果能够给予孩子足够、持久的爱,孩子就会体验到安全感,并由此培养起自信、自尊和对自我的肯定。就马某而言,母亲的缺失、父亲的无力抚养、爷爷奶奶的不当管教,在他内心打上了"我被抛弃"的深深烙印,这种

"我被抛弃"的心理不安全感犹如种在孩子心田的一颗不良种子,会随着他年龄的增长,结出"自卑、焦虑、抑郁、孤独、恐惧、空虚、暴力"等果实,而使他的人格产生严重的偏离。

"会有难过和不安的感觉吗?"我试图了解他的情绪状态。

"有时我会觉得坐立不安。"他似乎很无助。

"好似一种被人遗弃的恐慌。"凭着直觉,我设法与他共情。

"是的。既无亲人的探访,也无亲人的信件。以前的朋友也不理我了,我给他们写信,也没有任何回音。"他一脸失望。

一个抱着"我被抛弃,我是一个坏孩子"感受长大的孩子,焦虑恐惧的情绪必然是会有的。处在青春期的他,在"联系昔日的所谓朋友而杳无音信"的情况下,这种"被抛弃感"和"不安全感"自然会被强烈地激发和放大。为了验证我的初步判断,我对他进行了一次房树人测验。大约半小时之后,他的房树人测验显示:房子的底部是一条浓浓的地基线;房门很小,而且用钥匙上了锁;窗子也很小并且装了护栏;树上画满了水果和小鸟,树根的地面线部分留下了反复擦拭的痕迹;人物的双唇紧闭,双手伸开。测验的结果证实我判断的正确性:浓浓的地基线,上了锁的房门,装了护栏的小窗,无一不提示他内心匮乏的安全感;反复擦拭的地面线无疑是他焦虑不安的情绪展现。另外,树上的水果和小鸟,提示了他心智不全和性情幼稚的倾向,双唇紧闭、双手伸开的人物形象,则揭示了他活动性强、攻击性强但自控能力差的性格特征。

安全感匮乏的服刑人员,在改造生活中会有各种各样的表现:有的服刑人员动辄打架斗殴;有的焦躁郁闷,并想方设法自伤自残;有的喜欢自我炫耀、自吹自擂;还有的在看到警官或其他服刑人员时会产生莫名的恐惧。不管是打架斗殴还是自吹自擂的服刑人员,都不难窥见他们心灵深处的那种弱小感,正是这种内心弱小感及怕被人蔑视和瞧不起的不安全感,驱使着他们用拳头或吹嘘证明自己的强大。焦虑烦闷乃至自伤自残的服刑人员,则又是另外一种情形,他们的内心似乎强大,并试图用这种"强大"去追求一种尽善尽美的完美境界。

然而,俗话说得好:"人无完人,金无足赤。"实际上,人世间并不存在十全十美、完美无缺的东西。努力地追求和并不如意的"残酷"结果所产生的矛盾,使他们感到极端的无助、失望和不安,以致他们只能通过攻击自己或毁灭自己来"解决"冲突和不安。与他人交往时所产生的恐惧,更是内心不安的外在表现,这部分服刑人员的内心紧张不安、自卑失落,他们在与人交往的过程中,力求给对方树立一个好印象,却由于内心的自卑和压抑,人际交往出现紧张。马某安全感的缺乏是严重的:他既有与他人发生争执的对外攻击,又有自伤自残的自我攻击,还有与他人交往时的恐惧。

不管是从马某的心理特征分析,还是从他的日常行为表现考察,这些都提示他具有边缘性人格的问题。可是,我不能直白相告。一是不能给他贴上一个人格问题的标签,让他有一种得病的感觉,使他脆弱的自尊雪上加霜;二是因为他还是个未成年人,心理正处于矛盾期和问题期,人格正处在形成的过程，通过心理咨询师不懈努力，马某不良人格和行为还有望得到矫治和重塑。当然，要解决马某的边缘性人格问题，让他重新获得心理安全感，绝非一朝一夕之功，需要心理咨询师付出艰苦的努力。

"我们一起努力，情况会改善的。"我给他信心，"关键看你有没有改变的愿望。"

"噢。"他低头陷入了思索。他的改变或许正悄然开始。

（三）

这次谈话中我请他做沙盘游戏。他站在沙盘和沙具前愣了半天，结果还是拒绝了，他的理由是："我对这些小玩具不感兴趣。"当然，他之所以不想做，不是"不感兴趣"那么简单。可能是我操之过急，没有选择导入沙盘游戏的最佳时机，让他感到有压力。

于是，我决定采用意象对话心理咨询，他欣然接受了。对于意象对话心理咨询，虽然我几次接受朱建军老师耳提面命的教诲，却自知功力不够，一般也都是浅尝辄止。但只要来访者愿意做意象对话，每次必能收到成效。特别是用于改善来访者的情绪状态，起效快。当然，对于像马某这样具有人格问题的个案，我当然不奢望有立竿见影的效果，"缓而图之"才是可行之策。我告诉他指导语，嘱其放松，引他进入了想象的过程；在意象的分析和互动中，他表现得非常配合。

"想象逆流而上来到一座动物园,门口站着一男一女。"我将他领入了意象王国。

"这两个看门人好像是一对夫妻。"他很快就进入了角色。

"你能看清楚吗?"我问他。

"他们的面孔有些模糊,不太看得清。男看门人 30 岁左右,面相显得有点奇怪。"他说。

"他有什么特别之处吗?"我问他。

"他的鼻子很尖,头上好像长了一个很大的疤。"他一脸的迷惑。

"女看门人呢?"我接着问。

"她也是 30 来岁,对我很不友好。她的右手上还多长了一个手指头。"他很奇怪。

"你从他们那儿领养了什么动物?"我问。

"男看门人给了我一只装在木盒子里的小兔子。"他说。

"女看门人呢?"我问。

"她给了我一只小兔子,不过这个兔子被关在铁笼里。"他疑惑地说。

"领养动物"的意象对话是我惯常使用的起始意象,目的是帮助来访者进入意象的想象过程。在这一过程中,马某家庭的亲子关系再一次清晰地展现在了我面前。"有些模糊面孔"和关兔子的"铁笼"意象,无声地诉说着他的不幸。这些,同前几次面谈中了解到的情况和房树人测验结果的指向都是一致的:不良的家庭环境和不良的亲子关系,导致了他不良的人格特征。"领养动物"结束之后，我继续陪伴他进行意象互动和意象分析，体验奇妙的"意象之旅"。

"你继续沿着马路走，前面会有一座房子。"我换了一个意象的场景。

"那里有一座崭新的瓦房。"他感到很满意。

"你可以进去看看。"我鼓励他。

"屋子里很暗。"他显得有些迟疑，很不情愿地走了进去。

"打开窗子，让阳光进来。"我建议。

"明亮一些了。我看到屋顶布满了灰尘和蜘蛛网。"他说。

"还有什么呢？"我问。

"有一张床、一张桌子，还有一台电视机，上面都积满了灰尘。"他说。

"你可以清扫一下。"我劝说他。

"我清扫好了……现在干净多了。"过了许久，他终于把房子打理好了。

"你可以看电视。"看着他一脸的疲惫，我有意让他休息一下，"你可以看看电视里都放些什么内容。"

"电视里放的都是我作案的镜头……我并没有做什么……只是拿了她的一些东西而已。"他说。

"你觉得自己有些冤枉？"我问他。

"是的。虽然我有罪，但不至于那么重。"他提高嗓门说。

这一点，并没有太出乎我的意料，因为我事先已了解到他认罪不服判

116

的情况，只是情况比预估的更为严重些而已。他的这种不服判显然是深入内心的，是根深蒂固的。马某是个冷酷无情的人，道德规范意识和法律意识明显缺乏，罪恶感和羞耻感极其淡薄。面对这样一个有人格缺陷的服刑人员，不仅需要矫治他的不良心理和人格，而且需要纠正他低劣的思想品德。因此，他的问题解决起来会更加困难，咨询所花费的时间显然会更长。

在他的意象中，崭新的瓦房提示他的自我体验尚好；阴暗的房间表明他对自己缺乏了解；布满灰尘和蜘蛛网的屋顶揭示了他焦虑的情绪和不安全的心理体验；作案的电视镜头和"拿了她的一些东西而已"的想法，表明他尚未完全认罪服法。在对话中，我让他"打开窗户"和"清扫"都是有针对性的意象对话心理咨询技术。

"屋里有人来吗？"等他看完了电视，我关切地询问。

"来了很多我的朋友，有男的女的……他们有说有笑，但就是都不理睬我……让我感到很失望。"他说。

"你可以主动招呼他们。"我说。

"他们好像在故意回避我。"他显得一脸生气。

"他们只是忙着说话，一时顾不上你。"我说。

"噢……有朋友喊我了……我请他们坐下，给他们泡茶。"他说道。我费了很多的口舌，才使他的情况有了转机。尽管如此，我还是感到由衷的欣慰，毕竟他的改变由此开始了。

"你们谈天说地，都很开心。"我说。

"是的，我们都很高兴。"他第一次露出了笑脸。

……

"房间的角落有一条蛇。我感到害怕。"情况稍有转机，却又冒出新的问题。心理谈话就是如此，犹如层层剥笋，剥掉一层又露出新一层，需要你耐心地剥离。

"它不会伤害你。你把它当作朋友看待就是了。"我说。

"我试试。"他鼓足勇气，在我的一再坚定鼓励下，显得信心十足。

"你对它友好，它也会对你友好。"物理学中的力与反作用力在人的心理意象中也同样有效。

"它好像并没有咬我的意思。"他说。

马某与朋友间的互动困难，反映了他在生活中人际相处的尴尬处境，我鼓励他主动交往，这有助于改善他的人际互动；马某意象中对蛇的恐惧，是他在日常生活中人际交往恐惧的潜意识呈现，在意象中，我消除了他对蛇的恐惧，也就有助于改善他在现实生活中的人际关系。

"出了房门，又回到路上。你发现什么？"我问。

"我看到一棵松树，叶落枝枯的样子。"他答。

"你可以给它浇浇水。"我建议他。

"我从旁边的小河中找来了水浇灌它……渐渐地它长出了一片小叶芽。"他高兴地说。

"以后每天经过时，你就给它浇浇水。"这是我给他布置的作业，"小叶芽会越来越多。有一天，它一定会长得枝繁叶茂。"我多么希望它一夜之间就长大。

这是一次非常有效的意象对话心理咨询。虽然我知道，往后的咨询过程依然充满艰辛，但毕竟转变已经开始了，消极意象变成积极意象，他内心的消极因素会不断减少，积极因素会不断增长，此种此消彼长正是对服刑人员进行心理咨询所要追求的效果。

"上善若水。水善利万物而不争。"在意象对话中，水有很多的象征意义，水是新生活或康复的象征，水是生命力的象征，水也是滋养和爱的象征。在象征层面，"每个人都有自己的树，那是他的图腾，种植于他出生之时"。① 心理咨询师鼓励马某用小河中的水浇灌松树，主要是取滋养、康复之意，正是他从小缺少家庭亲情的关怀，缺少父母之爱的滋养，才使他变得好似一棵枯树，再不施以滋养，枯树就会倒下变成一堆枯枝，到时再多的养分恐怕都于事无补了。"大道至简"，有时候，一个简单的动作就能救人于水火。在意象对话中，心理咨询师用一个简单的给树"浇水"动作，目的是让他重新获得爱的滋养，重新让他获得心理上的安全感。安全感问题是边缘性人格问题个体所面临的核心问题，咨询实践表明，类似"浇水"的动作往往颇具效果——增强个体安全感，解决边缘性人格问题的治本效果。

① C.G.荣格：《荣格文集：梦的分析（上）》，长春出版社 2014 年版，第 274 页。

119

若干个阶段的意象对话心理咨询之后,马某的行为表现变了:自伤自残、恐惧易怒的情形逐渐消失,改造逐渐步上了正轨。当然,他内心深处的思想弊病还未得到处理,还要运用其他诸如叙事明理等技术方法,对他进行有效的教育和矫治。

第二节　报复的下场

本例情绪问题的个案,背后隐藏的却是"自我中心"的个性特征。咨询师运用沙盘游戏治疗技术,不但有效化解了来访者的抑郁情绪,而且使他的不良个性得以改善。

一、基本情况

一般情况:服刑人员林某,男,1992 年某月出生,初中文化程度,2008年某月,因犯故意伤害罪,被判处有期徒刑八年。

日常表现(咨询原因):睡眠障碍;精神萎靡不振,生活被动懒散,习艺劳动①拖沓;敏感多疑,基本人际信任缺乏。

---

① 依据《中华人民共和国监狱法》的规定,劳动是监管场所对服刑人员开展的以"矫正恶习,养成劳动习惯,学会生产技能,并为释放后就业创造条件"为主要目的一种教育改造活动。

自我描述："活着真累！"

二、咨询过程

（一）

看着林某那张秀气的脸，我很难将他与服刑人员挂上钩，但他那一身囚服分明告诉我，他就是一名服刑人员。从卷宗上看，他还是一个暴力型罪犯，因故意伤害罪被判处有期徒刑八年。

"我能帮你做些什么？"看着他一脸的疲惫，我关心地询问。

"晚上总睡不好。"他显得很无奈。

"多长时间了？"对于症状的持续时间，心理咨询师总是要首先予以关注。

"大概两个多月了。睡眠时好时坏，有时难以入睡，有时早醒，有时竟彻夜不眠。"

"胃口好吗？"我关心他的食欲。

"还好。"显然他没有到食欲不振的地步。

"与两个月之前相比，改造生活有了怎样的改变？"我问。

"现在，我做任何事情都觉得索然无味，也总是开心不起来。对唱歌、下棋等兴趣也没有了。活着真累！"他说。

"有过想死的念头，或者有自伤、自杀的行为举动吗？"对于来访者自伤、自杀的心理危机评估，是咨询师必须在第一时间考虑的首要工作。同时，我有些担心，因为一旦他有这样的念想或举动，处理起来就会变得困难。

"偶尔有'活着没意思'的想法。这两个月来，我整天都感觉好困、好难受。"他无精打采地说。

对话显得自然流畅，没有那种迟滞的黏糊感。这显然不是典型的抑郁症症状，虽然他兴趣消失殆尽，快乐荡然无存，但生活照样过，日子照样熬，属于"天天难过天天过"的那种情绪类型，是一种抑郁状态。典型的抑郁症患者，会有反复出现的自杀念头，自伤、自残、自杀的举动，会有思维迟缓、联想抑制、意志活动减退的症状，还会有自我评价过低或自责、内疚的心理感受，而他显然不是。

在心理咨询的临床实践中，我遇到过不少类似的个案。他们在改造的过程中，会突然情绪低落、唉声叹气并伤感流泪：有的为自己身患疾病一时不能治愈而忧虑；有的为即将走上社会无法安身而不安；有的为家庭突然的变故而焦虑。此时，他们就会感到做任何事都没有兴趣，甚至感到活着没有意思，严重影响改造生活。这样的个案，虽然不是抑郁症，也无需药物治疗，但也必须及时进行疏导，带他们走出抑郁的阴影。

"抛开眼前的事，谈谈过去，讲讲未来，或许心情会有所改观。"急则治其标，缓则治其本。由于不急于为他"开刀疗伤"，我开始同他"套近乎拉家常"。

"我出生在一个令人美慕的'万元户'家庭。父亲是当地一个极负盛名的服装师,'桃李满天下',而且拥有一家规模不小的服装加工厂,母亲则是中专毕业、才华横溢的'才女'。在邻居和亲友们的眼里,我拥有一个令人美慕的温馨家庭。"他侃侃而谈,对他的说法,我多少有些迷惑不解。按理说,良好的家庭环境不会造就像他这样的囚犯。

"我从小在父母的庇护下过着衣来伸手、饭来张口的'少爷'生活。但是好事多磨,在我5岁那年,'温饱思淫欲'的父亲瞒着母亲在外面偷偷和一个年轻貌美的女人筑起爱巢。天下终究没有不透风的墙,父亲另筑爱巢的事几经周转传到了母亲的耳朵里。母亲一改往日的温柔,与父亲开始了无休止的争吵。"他沉浸在往事中,"在我的记忆里,再也找不到父亲豪迈的笑声、母亲幸福的笑容,取而代之的是父亲难以入耳的辱骂声和母亲声嘶力竭的叫喊声,还有瓷器的破碎声。年少无知的我在母亲一次次的流泪中,明白了是一个无耻的女人让母亲失去了欢笑,让我失去了父爱,更让我的家庭卷入了一场无休止的战争。虽然这场战争在母亲的让步下暂时结束了,但是在我的记忆深处留下了永远不能磨灭的痕迹。"

只有来自父母亲双方"阴阳"融合的、完整的"太极"之爱,才能滋养孩子,使其成长和进步。而割裂的爱,由于存在难以弥合的裂痕,会带给孩子各种伤害,引起孩子各种不良行为,诸如离家出走、寻找不良同伙、实施犯罪行为等等。割裂的爱带给林某的必然是深深的伤害。

"带给你很大的伤害。"我试图抚慰他。

"后来，我到了上学的年纪。母亲忍受着和别的女人一起分享父亲爱的痛苦，将所有的精力和希望倾注在我身上，尽最大可能为我创造学习条件，使我从小就拥有很多令其他小孩羡慕的学习环境。父亲为了能够让我安心学习，也和母亲达成共识，暂时回到了母亲身边。天真幼稚的我以为这样就可以让父母和好如初，所以学习也十分用功。终于，'苍天不负有心人'，我以全校第一名的成绩小学毕业。我读初中以后，父亲又开始三天两头往那个女人家里跑。然而，这时的我仍然天真地认为只要自己好好学习就可以让父亲回心转意。直到有一天我的梦彻底破碎了。"他沉吟半晌说道，"那是母亲的生日，'无巧不成书'的是，那个女人竟然也过生日，令人气愤的是父亲竟然丢下独自流泪的母亲，为那个女人庆祝生日。看着冷清的生日宴和待在一旁哭泣的母亲，我再也坐不住了，我一路狂奔，冲进那个女人的家里，将她的生日宴会搅了个天翻地覆。我还扑向花枝招展的她，用牙咬、用手抓、用脚踢。正在我和那个女人扭打得'难解难分'的时候，一直沉默的父亲走过来将我一把提起，狠狠就是一巴掌。我的脸一下子就肿了起来，血也从鼻子里流了出来淌进了嘴里。顿时，我的脑子一片空白，这是我父亲第一次打我，而且是为了那个女人打我。我不知道自己是怎么走回家的，只知道当时脑子里不断闪现着一个念头：一定要那个女人尝尝这种撕心裂肺的感觉，让她明白失去最爱的人的滋味。"

"从那以后你变了，变得不像以前那样好学与听话，再也不是母亲眼里那个听话懂事的好孩子了。"我接着他的话说。

"渐渐地我和学校里的一些'差生'混在了一起。凭着心狠手辣，我很快就成了'小霸王'。在我14岁那一年我就和我的一个崇拜者偷吃了禁果。尝过'青苹果'滋味的我一发不可收拾。当我看到她们被抛弃时脸上痛苦的表情后，明白了可以使一个人变得痛苦的方法：为自己最爱的人付出一切之后，又被自己最爱的人毫不犹豫地抛弃。"

"你又是怎样一步一步走向犯罪道路的？"我问他。

"在我明白了这些之后，就开始有意识地和班上一个叫菊的女孩接触。菊正是那个女人最疼爱的妹妹，一个非常可爱却和她（父亲的女相好）非常神似的女孩。我将燃烧的仇火转移到她的身上，有计划地实施着自己的复仇计划。我在菊面前尽显'英雄本色'：不让她受一丁点的委屈；还变着花样哄她开心，今天送花明天送水晶。反正只要能让她开心，我就会不惜一切代价地去换取。当时心里只有一个念头，那就是一定要得到菊的芳心，要她死心塌地地爱上我。为此我还曾特意导演一出'英雄救美'的好戏。虽然情节漏洞百出，但是依然使菊拜倒在我的'男子汉'气概下。接着，我就将她无情地扔在一旁，还当着她的面开始另觅新欢。当我幻想着她心痛欲绝的表情和日渐憔悴的面容，还有她姐姐为她心急如焚的样子，我不由自主地得意起来。但是，事情并没有按我设想的那样进行，她怀孕了。她放下开始时的矜持，开始不断地约我出来，希望能够让我回心转意。想到马上就能够让她品尝到母亲当年那种撕心裂肺的感觉了，我的心中有种说不出的喜悦,我终于让那个女人①付出了代价。当时的我已经被怒火冲昏了头脑,完全沉醉在报复的快感中。"

"如果你就此收手,还不致走到犯罪的地步。"我说。

"那天,菊又一次找到了我,希望能够同我和好如初,并承诺只要我能回到她身边,她可以为我付出一切。我看到她如此认真,就决定戏弄她一下。我们从酒吧出来就直接去了她家,刚一进门我们就缠绵在一起……躺在床上的菊开始幻想我们的未来,当她提出要和我订婚的要求时,我毫不犹豫地拒绝了,并且我警告她如果再提这样的要求,别怪我翻脸不认人。一向温顺的菊一反常态,拿怀孕的事威胁我,还说要告我强奸。已经有点醉意的我,一听这话,顿时火冒三丈,抬手就是一巴掌狠狠打在她的脸上。觉得还不解气的我,又朝她的小腹猛踢了几脚。菊一边挣扎一边喊痛,她的下身开始流血并很快染红了床单。当我回过神后,就马上把菊送到了医院。虽然经过抢救菊脱离了生命危险,但是菊永远失去了做母亲的机会。在菊出院以后,我不仅没有将自己的复仇计划收敛起来,反而变本加厉地不断刺激菊。终于,菊在她姐姐的劝说下走进公安局报案。为此,我要付出八年的青春年华。"他显出悔意,还带着些自责。

听着他的讲述,我想起一则伊索寓言,其大意是说,在很久以前,马在世界各地自由自在地生活。其中有一匹马每天都在长满青草的牧场上吃

---

① 指他父亲的相好。让"那个女人"付出代价是他幻想中的报复行为。

草,因为别的动物不利用这块草地,所以这匹马觉得这草地完全归它所有。后来有一天,一只鹿闯入了它的领地,把正在成长的草毁坏了。马对鹿的闯入十分仇视,一心想报复,便向人请求帮助惩罚鹿。人回答说,如果你愿意把一块马口铁含在嘴里,并答应让人骑在马背上,他就拿出最有效的武器为马去驱逐鹿。马同意了人的要求,允许人骑在它身上,但人并没有像他所答应的那样去追杀那只鹿,却把马骑到了他的院子里去,让它干活。从此以后,马才知道,还没有对鹿进行报复,自己却成了人的奴隶。我把这个故事讲给他听,他许久没有回过神来。我跟他说:"故事告诉人们,报复心理要不得,报复是危险的,它不但伤害别人,更会伤害自己。"可是报复隐藏在他的内心深处,他自然无法一下子深切地体会到。

(二)

带林某走进沙盘游戏治疗室的时候,他对沙盘和沙具显示了浓厚的兴趣,于是,我决定采用沙盘游戏的治疗技术对他实施心理咨询。

他静静地站在沙具前,足足十余分钟,似乎在与沙具进行着无声的交流。之后,他挑选了两件沙具摆在沙盘上(图3-1)。我请他坐到沙盘跟前,本想询问他对自己"创作"的感受,却见他心事重重的模样,于是我话到嘴边又留住了。他分明是在告诉我"我此时还不想说"。他不开口说,我得到的信息就少了许多。但来访者不肯说或者不愿说的情况,在访谈过程中是常有的事。原因自然也是多方面的,抑或是双方的关系尚未建立,抑或是来访者封闭的内心尚未开放,也抑或是来访者心中充满了"敌意"。每当遇到这种情景,我总是顺其自然,"水到渠自成",不到火候点,"撬开"他的嘴巴不但无济于事,而且还会影响咨访关系,影响谈话的效果。

"蝎子藏着毒素,怪兽张着大嘴,多么不和谐的一幅沙画,可这些带给他的却是舒服的内心体验。很明显,这是心理不健康的表现。"我心中这样思忖着,却没有直截了当地告诉他,心理咨询师有时就是这样,明明知道他的症结所在,却不能想说什么就随口说些什么。当然,就是说了,很多时候也是不能解决来访者的问题的。因为明了症结是一回事,解除症结又是另一回事。就像外科医生知道患者得的是阑尾炎,但要把它切除,却要掌控麻醉的时点,运用娴熟的手术刀工才行。从这个意义上,心理谈话又是有技巧的,要把握好说的时机,又要拿捏住说的火候,在轻松自由的交谈中,化解对方的心结。这或许也是心理谈话的魅力吧。

"沙盘留白的部分比较多。"我喃喃自语。很显然,他的初始沙盘是一个带着"空洞""威胁""攻击"和"受伤"主题的沙盘。

"我觉得这样舒服些。"时常会有这样的情况,强制式的询问造成来访者的阻抗,而不经意间的谈话,却能让对方对答如流。谈话有时真不需要太多的技巧,心理咨询师的真情流露、真诚关怀是最能打动人心的。

"让你最有感觉的,是画中的哪个部分?"我询问。

"它张着嘴的模样,最让我心动。"林某手指着怪兽,显得很愉快。

"它想做什么呢?"我追问。

"它想吞了那个蝎子。"他不自觉地做了一个吞咽的动作,似乎垂涎三尺。

"可是它够不着，因此显得有些懊恼。"我揣度着他的心思，努力地共情着。

"它在咆哮。"他对我的理解表示出满意。

"蝎子也有生命，怪兽怎么忍心吃了它？"我说。

"它根本不在乎蝎子的想法。"他显得若无其事。

"又是一个自我中心特质的服刑人员，他的心理问题显然与过多的自我中心有关。"我暗忖道。

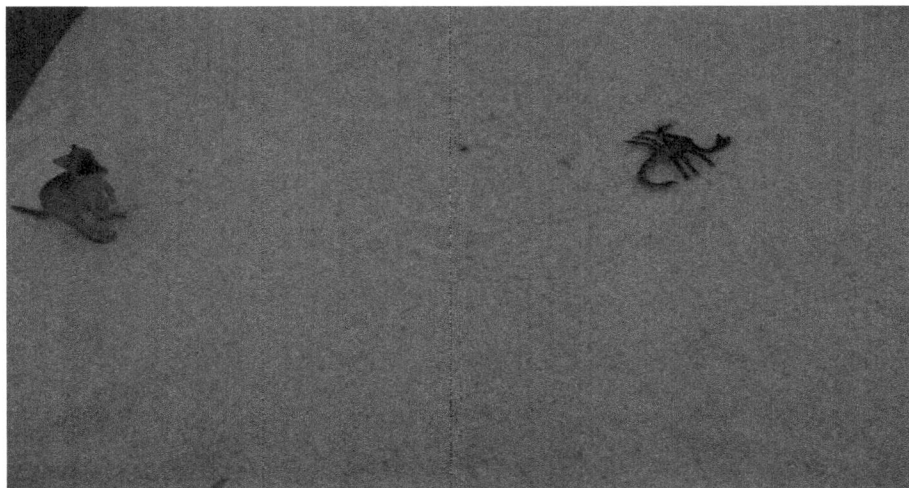

图 3-1 林某的初次沙盘

陪伴着他完成了初始的沙盘，我的内心似乎也变得空落落的。一种不

129

爽的感觉油然而生。也许这就是一个心理咨询师需要承受的来自来访者的"心理垃圾"，心理咨询师确实需要有这种承受"垃圾"，焚化、处理"垃圾"的能力。当然通过心理督导有时会提高这种承受和处理能力，心理咨询师也有一个自我成长的过程。我期待着他再次的沙盘展示。

（三）

随后的几个星期里，林某都能如约来到沙盘游戏治疗室，开始一次又一次的"沙游"历程。

"绿色的树"和"和善"的母亲形象，是这幅沙画（图 3-2）中呈现的积极因素，然而，这次的沙画也存在着一个突出的不和谐因素：沙具过分地集中在沙盘的中间区域。这些又一次暴露了他过分"自我中心"的问题。

"自我中心"是人类从幼年走向成熟的一个必经阶段。两岁左右的孩子已经具有比较稳定的对自我特征的认识，出现了有意识的自我认知。[①]此时，他们观察世界、感知事物往往以自我为中心，认为周围的人和事物都跟自己密切相关。他们往往从"自我"出发来看待一切，而不会站在对方的角度考虑问题。可以说"自我中心"人人都有，但随着个体生理和心理的成长发育，"他我中心"得以发展，亦即个体在观察世界、感知外界的时候，能设身处地为对方着想，为对方考虑，能多角度地认识和理解事物。孩子如果到了五岁以后，还停滞在"自我中心"阶段，而没有"他我中心"的发展，就会对他以后的成长带来不利，就会影响他对自己、对他人的认知，影响他与

---

① 林崇德主编：《发展心理学》，人民教育出版社 2016 年版，第 182 页。

别人的良好关系的发展。而孩子"自我中心"特质的形成往往与父母不恰当的教养方式有关。如过度保护就会强化孩子的自我中心意识,使孩子认为自己是世界的中心。伴随着个体逻辑思维能力的发展,至 18 岁前后,个体观察世界、感知事物开始具有理性,他们已能够逐渐地站在"宇宙"的高度,冷静客观地看待问题、分析问题和处理问题,最终形成完善和独立的个体人格,此时,人格发展基本定型,而幼年时期,尤其是六岁之前形成的"自我中心"和"他我中心"的人格特质和良好的心理发育,对这一阶段健康人格最终的形成起到了至关重要的作用。

图 3-2　林某治疗第二阶段的代表性沙盘

丛中①认为，"自我中心""他我中心"和"宇宙中心"一样，是与人类息息相关的人格特征。它的发生发展，与个体的幼年经历密切相关。一个心理健康的人，应是一个"自我中心""他我中心"和"宇宙中心"诸特质兼而有之、等量发展并能自由切换的人。过强的"自我中心"倾向往往导致各种人格障碍，如反社会性人格障碍、偏执性人格障碍。过强的"他我中心"容易导致各种神经症性心理障碍，如抑郁性神经症、焦虑性神经症等。而过强的"宇宙中心"则有可能导致人格的僵化和呆板。

显然，林某的"自我中心"水平还处在五岁之前的水平，"他我中心"严重缺乏。分析他的成长史，正是他"从小在父母的庇护下过着衣来伸手、饭来张口的少爷生活"，强化了他"自我中心"的人格特质。他在实施犯罪行为时表现出的强烈的报复心理，以及在改造生活中表现出来的"睡眠障碍；精神萎靡不振，生活被动懒散，习艺劳动拖沓；敏感多疑，基本人际信任缺乏"等一系列的症候群，其真正的根源也是他这种"自我中心"的偏执性人格特质，当他在同他人的互动过程中失去"自我中心"表现机会的时候，"抑郁"情绪就发生了。

第三幅沙画（图 3-3）是林某在第三阶段访谈时呈现的。虽然偏于一隅，但较之他前一幅的沙画有了更多的积极因素，包含了"转化"主题：可爱的白兔，友善的卡通人物图，红色的爱心，慈祥的教父，显示出生命的活力

---

① 丛中，曾任北京大学精神卫生研究所教授，精神医学博士，中国心理咨询与心理治疗专业委员会委员。

和爱的元素。这些积极的元素显然是他内心的正向力量,是促使他转化的宝贵因素。沙盘游戏心理治疗,正是要通过心理咨询师的"容纳性守护、参与性观察和陪伴性探索"使来访者在不自不觉中实现心灵的自由。

图 3-3　林某治疗第三阶段的代表性沙盘

　　林某的最后一次沙盘(图 3-4),明显带着"自愈"主题的元素。温馨的家,生机盎然的花草,绿色的草皮,小桥流水,起帆远航的小船,可爱的鸭子,处处透出生机和活力。虽然在经过一段时间的心理咨询之后,林某的消极情绪得以消除,人格问题也得到了初步矫治,日常的行为表现也有了明显的改善,但是,心灵的转化和治愈是一个缓慢和艰难的历程,尤其是对于像林某这样存在人格问题的服刑人员,从初次接触沙盘到最终沙盘的形成用了近一年的时间,而且这种转化还需要后续的巩固性心理咨询,如沙盘游戏、意象对话等。总之,及时的巩固性心理咨询对具有人格问题的服刑人员是非常必要的。

图 3-4　林某的最后一幅沙盘

第三节　在责骂声中长大的少年

这是一个非自愿的心理咨询典型案例，咨询师运用房树人测验和意象对话等多种技术，在较短的时间内，解决了来访者的心理问题：遭受责骂而产生的内心极度的压抑感。

一、基本情况

一般情况:服刑人员单某,男,1993年出生,初中文化程度,2009年某月,因犯合同诈骗罪,判处有期徒刑三年。

日常表现(咨询原因):焦虑、自卑、沉默寡言,在习艺劳动过程中时常走神。

自我描述:"我是在责骂声中长大的。"

二、咨询过程

(一)

单某走进谈话室一坐下,手和脚便不自觉地抖动起来。

"你是否觉得冷?"虽然窗外寒风凛冽,但见他身上穿着厚厚的棉衣,谈话室里也开着暖暖的空调,他自然不会有冷意。咨询师此番问话,是想让他对自己的体态和心情有所察觉,进而使他紧张的心情有所缓解。

"不冷。"他怯怯地答着,一副正襟危坐的样子,仿佛无比害怕。

"我们随意聊聊天,比如可以聊聊你眼前的改造生活,当然也可以谈谈你曾经的家庭生活。"为了缓解他的紧张和疑惑,我想尽可能由他自己挑一些轻松的话题来说。

　　许久之后，他还是一语不发。显然又是一个被动接受咨询谈话的服刑人员。一般的心理咨询谈话，对来访者有诸多的要求，比如要求来访者有一定的领悟能力、一定的语言表达能力等，其中最重要的一条，是要求来访者具有主动求治的动机和愿望。可是，对于服刑人员而言，被动接受心理咨询与谈话是常有的事。我们的目的，当然是让这些失足的人能够带着正常的情绪接受教育改造，能够早日步入改造的良性轨道。

　　面对这样的来访者，心理咨询师第一步要做的，便是运用极大的耐心和诚心，想方设法激起他们的求治动机。面对这样的来访者，建立咨访关系显得尤其困难，也显得尤其重要。一旦与这样的来访者建立起良好的咨访关系，心理咨询便已成功大半。因为咨访关系的建立，表明来访者找到了可以倾诉的对象，开始突破内心的防御，这种防御体系的突破是很具有治疗意义的。为了实现这样的突破，心理咨询师不但要耗费口舌，而且要多费"心机"，运用通情达理、温暖、真诚、自我开放等技术方法，一方面要从各个不同的侧面，陈述"谈话的性质、谈话的特点、谈话的保密原则"等，另一方面，要善于情理交融，通过情绪引导和感情融合，抓住时机寻找突破口。不过，对于有主动求治动机的来访者，也需要有上述的过程，只是过程相对要简单得多。

　　这样的场景我经历过许多，虽然大多数情况下，也总能遂我所愿，但这次我改变了主意，不想再费口舌，除了介绍谈话的保密原则，我决计以"以哑治哑"，采用房树人测验与他沟通。我对他特别强调，通过测验不但可以了解他的过去，而且可以预测他的未来。或许是这种"上知五百年，下算一千年"的神奇功效触动了他的内心,他略一犹豫,便欣然动笔。

从整体看,他所画的房、树、人的线条有些刻板,而且都偏小。门是上锁的,自我开放程度不高。树根完全裸露,人的手指等处偏尖锐化,提示攻击的倾向。所画的人物毕恭毕敬,一副很拘谨的样子。

我一一向他作了解释。

(二)

"功夫不负有心人",或许是房树人测验帮助我与他建立了初步的信任关系,这次会谈显得比较顺利。

不管启用何种专业的心理治疗技术开展咨询活动,我总是先习惯运用心理咨询的基本技术(见本书理论篇第一章),通过了解他们的家庭情况、亲子关系和生活经历,对来访者进行思想和心理的评估。尽管我已事先查阅了他的档案,但有些细节只能从面谈中获得,而细节对评估的正确往往起着关键作用;更何况这样的面谈本身就具有矫治功能,不仅有利于同他们建立更稳固的咨访关系,还有利于宣泄他们的不良情绪。

"能谈谈你的家庭情况吗?"我问。

"我是在责骂声中长大的。"他一脸的委屈,"与父母相处的十多年间,最让我感到难受的是他们对我的责骂。"

"从小学一年级起,我的学习成绩就很差。每次临近考试,我便会不由自主地害怕,像是自己的'末日'就要来临。因为就我考的那点分数,足以让我听够父母的责骂。很多次听不下去时，我就干脆摔门而出，跑到一个僻静的地方，因为只有这样，父母的骂声才会停止，直到他们打着手电筒出来把我找回家。可这样的停止是暂时的，过不了多久，我又会因为打一壶水的速度慢、看电视的时间长、作业本上有错误等琐事继续挨骂，然后我继续摔门而出，等到父母再次把我找回家……上了初中之后，我开始喜欢交朋友，并很快染上了抽烟、喝酒等不良习惯。因此，原本就不好的学习成绩更是一落千丈，以致我对读书产生了厌恶感。而此时自认为已经长大的我就更听不惯父母的责骂了，有时为了避开父母，我干脆到同学家一连玩上好几天。当然回家的情况是可想而知了，父母除了骂，还是骂，有时火气上来，我放开喉咙大顶一番，摆出一副无所畏惧的架势。这和我的年龄渐长有关系，但更多的是我对父母责骂的反感和难以忍受。"他畅快地倾诉着。

这不禁让我联想起曾经服刑改造的徐某。他的弑母犯罪，与他母亲平时对他的责骂有很大的关系。徐某的妈妈平常喋喋不休指责孩子的话是："你真笨！真是猪脑子！别的同学能考前几名，难道就你考不出好成绩？期末考试时，你如果考不到前十，看我怎么收拾你！你是我亲生的，就算我打断你的腿、打死你也没有关系……"事发当天，徐某因看电视被母亲责骂，因身体不适到母亲卧室拿药而遭拒绝，徐某的心中当时就充满了委屈和愤恨。他告诉我说："连我身体不好她都不管，我的心就彻底地凉了。我一声不吭地拎起书包往外走，刚走到门口，突然看到门口的鞋柜上有一把铁榔头，于是我就拎起铁榔头返回卧室，冲过去朝正在织毛衣的母亲狠狠地砸去……"

"你可以跟你的父母亲好好地沟通一下。"我真希望他的故事让我听起来少些遗憾。

"没有那样的机会。我14岁那年的大年三十，因为和几个要好的同学玩了一整天，回家吃年夜饭迟了，再次遭到母亲的责骂。当时，我的心里越想越懊恼，憋着一口气再次离家出走。走到离家比较远的一处山头，我忽然感到难受极了：是因为充满祥和气氛的万家灯火，更是因为自己生活在一个充满责骂的家庭。从此以后，我顶撞父母的现象越来越多，离家出走再不进家门的念头也一天比一天强烈起来……"

不管父母平时对孩子在物质生活上如何关怀备至，如何富有爱心，但当他们在打骂孩子的那一刻，爱心已被憎恨所取代。父母以责骂教育孩子，孩子的内心就会产生憎恨和敌意。单某走到了这一步，离家出走已成必然。

"离家后，我走进了比较繁华的某某市。在市里住了一两个月之后，我和一些年龄相仿的青年结识了，并且很快到了'称兄道弟'的地步。为了搞钱，我想出了一个妙招——用假身份证到租赁公司租车，然后再把租来的车子转手卖掉。"他略作迟疑后接着说，"反复思索和计划之后，我很快把第一个目标锁定在了当地一家某某租赁公司。租车的过程简单而顺利，一辆

'桑塔纳'很快便落入了我的手中。可这辆车刚借给朋友就出了车祸,撞坏了车子。为了避免意外,我当即把这辆'桑塔纳'以 16500 元的价钱卖出。除了租车时交付的 3000 元押金,我一下就净赚了 13500 元。初战告捷,我又开始寻找下一个目标,盯准了一个叫某某码头的租赁公司。这回我租的是一辆'三菱',事情办得和第一次一样顺利。可这回我自己却有了想要这辆车的想法,于是我将这辆车以 5000 元的价格放到了担保公司,等下次有钱了再赎回。可我没有想到,这辆车装了定位系统,车主马上就报了案。最终我被法院以合同诈骗罪判处有期徒刑三年。如今,身处高墙的我无比痛悔,我最想说的是:如果父母能对我少一些责骂,多一些鼓励,我就不会轻易离家,也就不会走到身陷囹圄的境地。"

　　有一位心理学家精辟地概括了孩子与环境的 14 种关系,其中有 7 种不良环境,有 7 种健康环境,显示出父母对孩子的态度影响孩子成为什么样的人:指责中成长的孩子,容易怨天尤人;敌意中成长的孩子,容易好斗逞能;恐惧中成长的孩子,容易畏首畏尾;怜悯中成长的孩子,容易自怨自艾;嘲讽中成长的孩子,容易消极退缩;嫉妒中成长的孩子,容易勾心斗角;羞辱中成长的孩子,容易心存内疚。鼓励、嘉许、分享、友善和认同是孩子成长最好的营养素,对于成长中的孩子,只有肯定和鼓励的教育,才能开启孩子的心智,使他们走向人生的成功大道。父母给予孩子真实的和正确的爱,孩子能体谅和理解父母,如此构成的和谐家庭氛围,才是孩子健康成长的最佳环境。指责和敌意中长大的孩子必然心中充满敌意,这样的孩子在以后的成长过程中极易产生诸如抢劫、纵火、恐吓或谋杀等犯罪行为。眼前的单某,年幼时饱受父母的责骂,在这样的家庭环境下,他必然充满了敌意与恐惧,必然产生很强的攻击心理和攻击行为。他的离家出走、他的违法犯罪行为,在很大程度上,正是这样的家庭环境"造就"的。

(三)

经过两次谈话,单某的焦虑情绪已有所缓解。这次会谈,我走进了他的意象世界。

"轻轻地闭上眼睛,全身放松,跟着我一起进行一些想象。"跟随着我的指导语,他很自然地就走入了充满奇异色彩的想象世界。

"走出访谈室,来到路上,面前会呈现出一座房子。"我一面引导着他,一面随着他进入意象世界。

"有一座二层楼的房子。我走进了房子,看到房间里尽是些凌乱的摆设。"他的内心意象呈现在我的眼前,与我想象中的并无二致。我想这也是一种共情——意象对话中的共情。

"整理一下房间吧,你可能会感到舒服些。"我建议他,他也显得很配合。

"房子整理好了。我看到两只狗和一只猫。两只狗相互厮打着。"他的语气中透着愤怒。

"它们是好朋友,不应该打架的。你该劝劝。"我习惯性地脱口道。

141

"我试试。"他显得力不从心。

争吵和打斗是一种攻击。狗和猫说到底都是单某自身子人格的象征。意象对话中动物之间的厮打，显示了他人格深处的攻击性，是他内心深处"客体关系"的真实反映。这种内心的"客体关系"则是他幼年与父母等亲人在互动关系中形成的。意象对话中反映出的潜意识内容是人内心世界最真实的刻画。单某从小在亲人的"指责"和"棒打"之下，逐渐形成了攻击与反抗的人际处理模式，反映在当前的意象对话中，则是一幅动物之间相互打斗的场景。而单某的这种攻击性对他良好人格的形成和身心的发育是极为不利的。目前，心理咨询师需要处理的，是让他在潜意识的底层逐渐放弃这种攻击。请他"劝架"是促使他放弃攻击的很好办法。一番努力之后，单某意象对话中的"狗和猫"友好了（象征两个子人格的关系和谐）。这让我感到很高兴。

"房间里有一面镜子，你走过去，站在镜子的前面。"我试图有更多的发现。

"我走到镜子前，看到一个怪人。"他感到非常害怕。

"这只是一个想象的游戏。有我陪伴着，你不用害怕。"每当服刑人员在意象对话的治疗中出现类似的情况，我总是这样抚慰他们，给他们力量，给他们支持。每当这种情况出现的时候，是来访者内心力量最薄弱、最需要支持的时候，也是咨询出现转机的时候，抓住这样的机会，给予正确的意象引导，常常能收到意想不到的效果。

"他是一个怪人，他会走……会跑……会说话，但就是没有脑袋瓜子，他的脑袋不见了……脖子却直喷着血……"他前言不搭后语地说着，一副恐惧状。

"你找一下，脑袋在附近吗？"当务之急是想办法医治这种创伤。

"它就在我的脚下。"他似乎不怎么害怕了，"我想试着将它安回去。"

"好的。"他有主动"疗伤"的意识，让我感到很欣慰。

"我把它安好了，很成功，脖子也不再喷血了。可是我有些累，很想休息一下。"

单某在对话中出现的意象代表了性的压抑，从广义上说则是代表了对生命力的压抑。责骂是可以摧残生命的！亲人的责骂带给他的心灵伤害是巨大的。意象对话中，咨询师对意象的处理是成功的。简短的意象对话之后，单某的情况有了很大的改观，焦虑、走神的情况很快得到了改善。

这又是一个较为满意的心理咨询案例。每当这样的时候，我心情也总是格外愉悦。当处理好他人的心理"垃圾"时，心理咨询师的功力也随之提升。从这个意义上说，心理咨询师是要感谢来访者的，是来访者的各式访谈给了心理咨询师专业成长的机会。

第四节　"好逸恶劳"是堕落的温床

本案例记录的,是对一个具有"好逸恶劳、冷酷无情"思想的未成年服刑人员,运用"叙事明理技术"开展个案矫治的过程。从思想道德观和人生价值观层面,对服刑人员进行教育矫治,不失为预防其重新犯罪的治本之举。

一、基本情况

一般情况:吴某,男,1991 年出生,因抢劫罪被判处有期徒刑六年,高中一年级文化程度,体型瘦长,申字形脸。

日常表现(矫治原因):习艺劳动不认真。

自我描述:"我喜欢一掷千金的感觉。"

二、咨询过程

(一)

吴某很健谈,一落座,还未等我细问,他便娓娓而谈。

他说,他父母经商,家境富裕。母亲对他关爱有加,让他自小就过上了无忧无虑的舒适生活。父亲却信奉"棍棒底下出孝子"的"古训"，从小到大，凡事总以"鞭子"跟他说话。2007年初，他初中毕业后就被父母送到市里一家很有名气的高中读书。母亲担心他受苦，每月给他一大笔生活费，希望他吃好用好。他出手阔绰，宴请同学好友经常一掷千金，由此博得"豪爽大方"的名声，不久就深得呼风唤雨的"校霸"毛某等三人的赏识。有了靠山，他如鱼得水，不多时就跟着称王称霸"无所不能"起来，由于打架够狠、够凶、够辣，被大家称为"黑面虎"，没多久他便成了"校霸"之首。

他说，他们"四大恶人"常常因为在学校找不到对手，而变得像《神雕侠侣》中的独孤求败一样焦虑不安。一天，经由一个"弟兄"提议，决定到校外寻找刺激。说来也巧，那天，他们刚到外面，就遇见四个"黄头发"青年对两个初中学生实施抢劫。完全有能力阻止"罪恶"的他们，一直等到那两个初中学生被抢之后，又手持铁棍打劫了那四个"黄头发"青年。一次成功的"黑吃黑"，给他们增添了进一步实施罪恶行为的动力。

又有一次，他与女友在一家宾馆开房后将手机丢在了房间，等他们返回取时，发现老板已将房间租给了三个青年人。因双方言语不和，很快就发生了争执和扭打。他虽然以"狠、凶、辣"出名，但由于寡不敌众，他还是输给了那三个青年人，最后他赔礼道歉还赔了他们300元的精神损失费。他哪里受得了这种委屈，回到学校与几个"弟兄"商议后，就手持各式刀具，火速赶到宾馆，与那三个青年人"火拼"：他不但拿回了自己的东西，还抢走了青年人身上所有的钱物。随后，又将他们带到一幢弃房内，要他们家属各拿赎金1万元。收到恐吓信的家属当天就把钱汇到了指定的账户。

一次又一次的成功,给他们的罪恶欲望增添了一把又一把的"柴火",使他们的贪心愈发膨胀。白天,他们在学校称王称霸,收取保护费;晚上他们进出高级娱乐场所,蹦迪、跳舞、溜冰、打架;没有吃了就去抢劫,没有钱花了就去敲诈。他们无所不为、无恶不作,拿他们的话说,就是"在刀尖上行走,充满危险,但也充满了乐趣"。但是"多行不义必自毙",2008年某月的一天晚上,当他们在某个门口对两名学生实施抢劫时,被保安当场抓住并扭送到派出所。为此,他带着六年的刑期来到监狱服刑改造。

"你后悔吗?"我终于逮住机会询问。

"我很后悔。那天如果不当着保安的面要同学的东西就好了。运气太不佳!"他淡淡地回答。

看来,他对自己的罪恶并无悔意,抢劫在他的眼里只是"问同学要一件东西而已",而被抓住纯属对情势的估计不足,"没想到保安插手此事"。

"想过靠劳动挣钱吗?"我尽量寻找他身上的闪光点,努力搜寻曾经在他大脑里哪怕是转瞬即逝的一丝念头,比如"劳动光荣",比如"自强不息"等。

"干活是一件很辛苦的事。小时候,我想要什么,母亲就给我什么。到了学校,只要拳头硬,也是要什么就有什么。所以打工干活的事我从来就没想过。"

"你抢别人的东西,想过他们的心理感受吗?"我问。

"没有。"他回答得干脆利落。

146

"抢来的钱花在哪儿？"我问。

"有钱就有潇洒，我可以出入高级娱乐场所、酒店，可以蹦迪、跳舞，可以大口喝酒，大块吃肉。我喜欢一掷千金的感觉。"

他说的确实都是真话，不用自己辛勤劳作换来的钱，自然不懂得珍惜，当然更谈不上节俭。瞧着他那副完全无所谓的神态，我感觉到他思想恶劣程度的严重性。

未成年人犯罪是未成年个体社会化缺陷的一种表现。社会化涉及两个方面：一是社会对个体进行教化的过程；二是与其他社会成员互动，成为合格的社会成员的过程。未成年人的社会化包括基本社会化、预期社会化、发展社会化和法律社会化等过程。影响未成年人社会化的因素很多，如家庭、学校、社会、大众传媒等。家庭因素攸关未成年人的基本社会化，而学校、社会、大众传媒等因素则制约着未成年人的预期社会化。

"现今儿童的思想构成远比我们想象的要复杂得多，另一方面也说明现有的儿童文学作品、儿歌不能满足现今孩子们的思想发展需要，必须加大思想道德建设力度，努力为未成年人提供丰富多彩的精神文化产品。"[①]丰富多彩的精神文化产品是促进未成年人预期社会化的宝贵资源，本书叙事明理技术涉及的"故事"，就是一种宝贵的精神文化产品，是促进未成年人身心健康成长的滋养剂。

---

①　习近平：《之江新语》，浙江人民出版社 2007 年版，第 67 页。

从初次交谈的情况看,吴某的社会化缺陷是严重的。他本该在家庭和学校的社会化过程中,形成社会公民所应该具备的基本道德素养——"真诚善良、勤劳友爱",却由于失败的教育而丢失爱的能力,冲破了基本的道德底线,形成了"好逸恶劳、冷酷无情"的不良道德品质,最终跌入了罪恶的泥潭。

(二)

矫治吴某的思想,并非一蹴而就的事。这一次谈话,我试图让他明白他思想的劣性程度和他走上犯罪道路的真正原因。

"'人贵有自知之明',能清醒地认识自己、对待自己的人,是世界上最聪明的人。"我开始启发他,"有一个故事,是说一群乌鸦想彻底改变自己的坏形象,梦想成为鹰。于是带队的乌鸦派出一只乌鸦,要它去观察老鹰生养孩子的方法,观察老鹰练飞的情况。那只乌鸦回来后兴奋地告诉大家:'老鹰孵卵花了整整30天的时间,无疑这是它们拥有强健体魄的原因;老鹰每次练飞都要到达离地一万米的高空,无疑这是它们拥有强大飞翔能力的关键因素。'于是,乌鸦们也用整整30天的时间孵卵,也努力冲向万米高空练习飞翔。结果,它们一个个累极而亡。乌鸦还是乌鸦,它们到死也没能变成老鹰。乌鸦没有自知之明,导致可悲的结局。"

"有自知之明的人,知道能做什么,不能做什么。"他很快从故事中受到了启示。

148

"你觉得自己是一个怎样的人呢？"我问。

"我是一名罪犯。"他答。

"想过犯罪的原因吗？"我试图让他进行自我剖析。

"我不该结交'校霸'，这样我就不会犯罪。"他考虑了片刻回答道。

诚然，不良交友是他走上犯罪道路的重要原因之一，不过那只是外因，"缺乏生活理想，缺乏爱心"才是导致他犯罪的深层因素。他没有真正了解自己，就必然不可能领会到这一点。于是，我给他讲了一个"乌鸦搬家"的故事："从前，一只鸽子遇到一只愤愤不平的乌鸦，就关切地询问：'乌鸦老兄，你怎么啦？'乌鸦气愤地说：'鸽子老弟，我的邻居都嫌我的声音难听，所以我总要搬家。'鸽子听后劝导它说：'乌鸦老兄，你如果不改变自己的声音和形象，搬到哪里都会遭人嫌弃。'乌鸦听后，惭愧地低下了头。"我告诉他说："只能从自己身上寻找原因才能从根本上做到断恶念善，才能使自己不再犯第二次错误。"

"你母亲是一个怎样的人？"为了深入地启发引导，我换了一个话题。

"我母亲是个好人。她从来不让我做家务，也从来不要求我帮她干农活。她把我照顾得很好，我的需要她总是给予满足。"他笑着说。

"母亲的溺爱，让你失去了感受'劳动真谛'和体会'勤奋意义'的机会。你觉得'不劳而获'就是生活的全部。"我分析道。

"我有些明白了。"他好像恍然大悟。

"你对父亲有好的印象吗？"我进一步问他。

"我父亲是一个很不近人情、很蛮横无理的人。他从来都不跟我多说话，只要是他认为我做错了什么，就会打我一顿。他喜欢用'棍子'跟我交流。记得有一次，我拿了邻居家孩子的玩具，父亲得知后，不顾对方的谅解，硬是拽着我向他们赔礼道歉，还狠狠地揍了我一顿。当时，我真恨透了父亲。"他的语气中透着一股彻骨的怨恨。

"于是，你以后也变得像父亲一样不近人情，甚至冷酷无情。"我说，"你父亲的出发点是好的，虽然做法不够妥当。"

"或许是我曲解了父亲的本意。"他有了体谅父亲的想法。

"你从父亲那里感受了'不近人情和蛮横无理'，也学会了'暴力和无情'。以后，你用它们'闯荡江湖'。"

"可能就是这样。"他开始反省自己。

"中国有句古话'授人以鱼不如授人以渔'，意思是说，传授给人现成的知识，不如传授给人掌握知识的方法。吃鱼是目的，捕鱼是手段，如果想永远有鱼吃，最好的办法是学会正确捕鱼的方法。你妈妈给了你很多'好吃的鱼'，却没能传授给你正确的'捕鱼方法'；你爸爸试图教你如何'捕鱼'，方法却是错误的。"我循循善诱。

"你的意思是说，如果他们能告诉我正确的'捕鱼方法'，也就是教会我如何做人的道理，我就不会犯罪？"他带着疑问回答。

"是啊，学会做人的道理，就会远离犯罪。"我语重心长地说。

家庭是未成年人接触的"第一社会"，未成年人如何在这个"第一社会"中与父母、亲人互动，父母、亲人如何对其进行教化，很大程度上决定了他基本社会化的优劣程度。吴某的家庭环境显然是有问题的，母亲的溺爱、父亲的"棍棒"教育，使吴某的人生价值观产生扭曲，"好逸恶劳、冷酷无情"的思想在他的内心深深地扎下了根，为他日后的违法犯罪留下了巨大隐患。

（三）

自我改变的愿望是矫治得以成功实施的第一步。但要将良好的思想品质活化到一个人的内心，尤其是要植入一个服刑人员的内心，确实不是一件轻而易举的事情。吴某已有了改变自己的意愿，接下来就要想方设法使他明白做人的道理。我试图用一个个的故事开启他尘封已久的心灵，让他逐渐理解明礼诚信、勤劳自强、团结友善的重要性。

"一个知勤劳、懂礼仪、明诚信、守爱心的人，必定是一个遵纪守法的合格公民。"我对他说。

"我该怎么办呢？"他似乎有了改变自己的意思。

"热爱劳动、勤奋劳作是一项可贵的品质。"我趁热打铁，"改变自己的犯罪思想和犯罪心理，要从培养热爱劳动的品质入手。"

"抢别人的东西是一件不光彩的事，勤奋劳动，靠自己的双手挣钱才是正道。不过我还没有这方面切身的体会。"他有了悔过的起心动念。

"热爱劳动，勤奋劳作，就可以找回尊严，实现自己的人生理想。"我给他讲了一个关于劳动的故事，"从前，有一个衣衫褴褛的独臂乞丐来到一家农户乞讨，看着乞丐空荡荡的袖管，主人并没有心生怜悯，他毫不客气地指着门前一大堆砖块对乞丐说：'请你帮我把这堆砖搬到屋后，我付你工钱！'乞丐愣了愣，虽有些生气，但还是干了起来。他用一只手，整整花了两个多小时才把砖块搬完。主人递给乞丐一些银子。乞丐感激地接过钱，向主人单手作揖后就上路了。过了几天，来个双手健全的乞丐。那主人把乞丐领到屋后对他说：'请你帮我把这堆砖搬到屋前，我付你工钱！'乞丐鄙夷地看看主人，头也不回地就离开了。几年之后，一个穿着体面的独臂人来到了农户家。他向主人深深地鞠了一躬，深情地说：'如果没有您，我至今还会是一个乞丐。可是现在，我能靠自己的努力养活自己，过着体面的生活。'独臂乞丐靠自己的拼搏，实现了自己的人生价值。而那个双手健全的乞丐却还是乞丐。"

"劳动使独臂乞丐过上了体面的生活。我要向他学习。"他显得很诚恳。

"你犯了罪，成了思想上的独臂人，但只要改掉'好逸恶劳'的坏思想、坏习惯，就会逐渐成为思想上的双臂人、健全人，就会像那个独臂乞丐一样受人尊重。"看到他思想上的转变，我格外开心。

举止文明、待人礼貌是一项重要的道德规范，讲究礼仪、尊重他人、和善待人，就会使人际关系友好融洽，就会以快乐的心态面对人生，在改造生活中，就会与他人少产生摩擦，形成和谐的人际环境。为了让吴某进一步明白其中的道理，我给他讲了《三字经》中"孔融让梨"的故事。

"孔融四岁时，就已能背诵许多诗赋，并且懂得礼节，父母亲非常喜爱他。一天，父亲买了一些梨回家给几个兄弟吃，并嘱孔融分梨。孔融挑了个最小的梨子，其余按照长幼顺序分给兄弟们。家人都感到奇怪，父亲问他为什么拣最小的拿，他说：'我年纪小，应当吃最小的梨。'父亲又问：'那弟弟也比你小啊？'孔融说：'弟弟比我年幼，我也应该让着他。'幼年孔融这种待人礼貌、谦虚礼让的美德，受到后人的称颂。孔融长大后，成了当时有名的文学家，还步入仕途为官数十年，甚得人心。他的成就与他谦虚礼让的美德很有关系。"

"孔融四岁时就懂得谦让，真不简单。"他感动地说。

"'诚实守信'也是中华民族的传统美德。"我跟他说，"我国有一本古书叫《左传》，上面记述了一个关于诚信的故事。"我一鼓作气，对他进行了进一步的启发引导。

"我很想听。"他急切地说。

"在春秋时期，鲁国大臣孟武伯一向言而无信。一天，鲁哀公举行宴会招待群臣，孟武伯也应邀参加。宴席上，孟武伯借着敬酒的机会，讽刺郭重：'先生怎么越来越胖了？'鲁哀公听见了，说：'是食言多矣，能无肥乎？'意思是说，一个人常常'吃掉'自己的诺言，能不胖吗？借此讽刺孟武伯一贯说话不算数，群臣无不称快。不守信用、自食其言是不道德的行为，当然会受到大家的谴责。"我讲完这个故事，看他听得津津有味，就接着给他讲另一个"笃实守信"主题的故事："曾子是孔子的学生。有一次，曾子的妻子准备去赶集，由于孩子哭闹不已，曾子的妻子许诺孩子回来后杀猪给他吃。曾子的妻子从集市上回来后，曾子便捉猪来杀，妻子阻止说：'我是跟孩子闹着玩的。'曾子说：'和孩子是不可说着玩的。小孩子不懂事，凡事跟父母学，听父母的教导。现在你哄骗他，就是教孩子骗人啊。'于是曾子把猪杀了。曾子深深懂得，诚实守信、说话算话是做人的基本准则，若失言不杀猪，那么家中的猪保住了，却在一个纯洁孩子的心灵上留下了无法磨灭的阴影。"

"我也要做一个言而有信的人，做一个有道德的人。"听了我的故事，他爽快地说道。

"不但要做一个诚实守信的人，更要做一个富有爱心的人。"我继续给他讲故事，"有这样一个故事：三位白胡须老人来到一农户家门口，主妇见了，热情地请他们进屋歇歇。老人们对那位妇人说：'我们不能一起进去？'妇人感到很迷惑，请他们道明原委。其中一位老人指着他的一位朋友说：'他的名字是成功。'然后，他又指着另外一位说：'他的名字是财富，而我的名字是爱。'接着又补充说，'你与家人商议一下，再做选择吧。'经过与家人商量，妇人最后决定把名字是"爱"的老人请进了家。可奇怪的是，另外两位老人也跟着进了屋。妇人惊讶地问：'我只邀请"爱"，怎么你们两位也进来了呢？'三位老人齐声回答：'如果你邀请的是财富或成功，另外二人都不会跟进来，而你邀请爱的话，那么无论爱到哪，我们都会跟随。'

"我懂了，故事是说，有爱就有一切，有了爱心，也就同时拥有了财富和成功。"他不无触动地说。

"拥有和守护爱心，是一个人最可贵的品质。"我接着给他讲另一个故事，"一个年轻人因为家境贫寒，走投无路而上了盗贼船。一天晚上，他闯进一个禅堂抢劫，他拿着又明又亮的刀子对着正在蒲团上打坐的七里禅师，凶狠地说：'把柜里的钱都拿出来！不然，我要了你的老命！''钱在抽屉里，柜里没钱。'七里禅师说，'你自己去拿吧，但要留下一点。我的米已经吃光，不然，明天我就要挨饿。'那个强盗拿走了所有的钱，临出门的时候，七里禅师说：'我送了你那么多钱，你应该说声谢谢啊！'强盗转回身，心中慌乱，说了声谢谢。他以前从来没有遇到过这种现象，显得有点不知所措。他愣了一下，才想起不该把全部的钱拿走，于是，他掏出一把钱留给禅师。后来，这个强盗被官府捉住。根据他的供词，差役把他押到寺庙去见七里禅师。差役问道：'老禅师，多日以前，这个强盗是否来抢过钱？''他没有抢我的钱，是我给他的。'七里禅师淡淡地说，'临走时他还对我说了谢谢。'强盗被七里禅师的宽容和仁慈所感动，他咬紧嘴唇，泪流满面，一声不响地跟着差役走了。服刑期满之后，强盗立刻去叩见七里禅师，求禅师收他为弟子，七里禅师不答应。他长跪三日，七里禅师终于收留了他。"

"七里禅师真是仁爱和友善，是他的善心让那个强盗真心向善。"他感慨万端，"宽厚的爱心真有很大的力量。"

每当我叙述故事时，吴某总是竖起耳朵，听得津津有味、别有兴致。多次长谈之后,我发现这些故事已深深震撼了他的内心,他的思想认识在潜移默化的影响中逐渐有了转变。为了巩固他思想转化的这种成果,我不失时机地嘱咐他,要求他把在谈话中体会到的"真诚、友善和勤劳"的思想运用在日常的改造生活中,在与他人相处的细节中体现自己的真诚、友善和谦让;在习艺劳动中体现自己的勤劳和耐心;在"三课"学习①生活中体现勤奋与努力。他很配合地去做了,表现也一天比一天好。

　　不管运用意象对话、沙盘游戏技术,还是运用房树人测验或叙事明理技术,个案心理咨询的实践操作过程,都是心理咨询师持一种真爱的态度,抱着一种真爱的情怀,播撒真爱种子的过程。唯有至诚至深的关爱,才能最终感动和挽救服刑人员,使他们在思想和心理上脱胎换骨,实现人生的重大涅槃。

第五节　对异性极度恐惧意欲何为

　　意象对话心理咨询的过程,一般分为起始、矫正和结束三个阶段,其中,矫正阶段是治疗的核心阶段,其主要任务是化解来访者的消极意象,使来访者的心理状态获得改善,心理问题或心理障碍得以消除。本例中,心

---

　　①　"三课"学习,指接受思想、文化和职业技能教育。

理咨询师运用意象对话技术，在短期内帮助服刑人员解决了心理困扰，取得了较好的效果。

一、基本情况

服刑人员王某，男，17岁，强奸罪，刑期三年。某日，在参加习艺劳动期间，情绪突然变得烦躁，出现突然擅自离开习艺劳动岗位的冲动行为。经民警个别谈话，考虑到他心理异常的可能性，马上落实心理咨询事宜。

初次咨询时，发现他对想象中的异性形象具有极度恐惧的强迫性意念和冲动，并伴有植物神经功能紊乱症状（胸闷、气急等）。在咨询的第一阶段，心理咨询师运用真诚、温暖、倾听、共情等技术，通过详细了解其家庭情况、个人成长史、学习史、生活史，建立起初步的咨访关系。之后，心理咨询师运用意象对话技术，深入其内心深处的潜意识，运用意象对话的面对技术，使其在潜意识层面对自己的症状进行觉悟，从而消除了他的强迫性意念和焦虑情绪，稳定了他的思想和情绪。

二、咨询过程

咨询经过（核心片断）：

……

心理咨询师：有什么困难需要我帮助吗？（来访者文静腼腆，他犹豫着走进来，小心地坐在沙发上，颤抖的双手紧紧抓住衣角，低着头，一声不吭）

来访者：……（蠕动着嘴，似乎想说些什么但又不敢说）

心理咨询师:不用紧张,有什么话尽管说。(鼓励的口吻)

来访者:……(脸变得通红,一副手足无措的样子)

心理咨询师:……(发现他的不安,咨询师没有追问,静静地坐着,等着他平静下来)

来访者:我觉得难以自控……(终于开口说话了,却欲言又止)

心理咨询师:请你放松,我们做一个想象游戏。我说什么你就想象什么,然后把你想象出来的样子告诉我。(意识层面的语言交流比较困难,咨询师决定采用意象对话心理咨询)

来访者:好的。(很愿意的样子)

心理咨询师:……你想象在路的尽头有一幢房子,这是一幢什么样的房子?比如房子的外形,房子的结构和材料。(咨询师让他闭上眼睛跟着引导去想象。在咨询师的引导下,来访者很快进入了丰富的意象世界)

来访者:我看到了一幢小木屋,有点旧,我还看到屋顶是破的,上面有一个大洞。(此时他完全没有了刚才的那种紧张)

心理咨询师:那房子的门呢?

来访者:门关着。

心理咨询师:光线呢?

来访者:光线很暗。

心理咨询师:把窗户打开,让阳光和风进来,屋子会变得明亮些。(亲切的口气)

来访者:是的,房子变得亮堂了,我心里也感到舒服了很多。

心理咨询师:能设法修补一下屋顶吗?(试探性询问)

来访者:我试试……有点困难……(显得很无助)

心理咨询师:看一看,房子里有什么?

来访者:我看到一个小木凳,有点旧。

心理咨询师:你继续看,还有其他什么家具?

来访者:还有一张很旧的床。

心理咨询师:好,你还看到了什么?

来访者:房子里又乱又脏,布满了蜘蛛网,地面和墙上有很多灰尘。

心理咨询师:你可以打扫一下……

王某想象中的房子里黑、脏、乱,表明他情绪低落,心情紊乱;房顶破预示着他缺乏安全感。通过清扫房子等方法,可以缓解他的焦虑情绪。

来访者:我看到一个柜子。打开柜子,我发现里面有一条毒蛇……它是活的……它的眼睛盯着我,我非常害怕。(紧张的样子)

心理咨询师:不要害怕,这只是一次想象。

来访者:我……怕……(满脸的畏惧)

心理咨询师:放松……你就看着它,看它怎么样。(鼓励的口气)

来访者:它的头昂了起来,舌头吐出来,向我扑过来……我想后退。(依旧畏惧)

心理咨询师:不要害怕,你看着蛇,看它会怎样。(继续鼓励支持)

159

来访者：好⋯⋯（心有余悸的样子）

心理咨询师：（语气坚定）坚持住，什么事也不用做，你就看着它！（意象对话中的面对技术）

来访者：⋯⋯现在好多了，它不再向我进攻了⋯⋯它不再像刚才那样凶残了⋯⋯我不害怕了。（终于舒了一口气）

心理咨询师：好，当我从三数到一的时候，你慢慢地睁开眼睛⋯⋯三、二、一⋯⋯看看四周，让自己清醒。你在哪里？

来访者：我在心理咨询室⋯⋯我刚刚感觉好像是做了一场梦。头脑一片空白，但感觉心里舒服了许多。

⋯⋯

在随后的五周时间里，心理咨询师又对他进行了五次意象对话心理咨询。咨询结束后一周，他所在押犯单位的管教民警反馈，王某已基本恢复正常。他的情绪变得稳定，精神好转，表现趋于稳定。

对王某的意象对话心理咨询，揭示了他对异性的极度恐惧心理：意象中柜子是女性的象征；蛇是男性的象征；打开柜子看到毒蛇，出现极度恐惧，象征他对自身性冲动的恐惧，也是对异性的一种恐惧。通过引导他消除对蛇意象的恐惧，消除了他内心深处对性冲动和异性的恐惧。在现实生活中，王某对想象中的女性形象的恐惧及其冲动行为，是他内心对异性的恐惧心理在作怪。

王某的基本心理过程为：某些不良心理因素和生活事件──→在想象中

产生了对异性的极度恐惧——→想逃离环境的冲动——→离开习艺劳动岗位，以求得短暂的心理平衡。通过意象对话心理咨询，心理咨询师从内心深处解除了王某对异性的恐惧心理，因而也就消除了他的冲动行为。

第六节　子夜割脉自杀者的内心伤痛

客体关系理论是在精神分析的理论背景下，探讨人际关系如何影响个体人格发展的理论，对于治疗具有人格问题的来访者效果良好。本例是咨询师运用客体关系理论及其技术，矫治一名具有频繁自杀行为的服刑人员，取得了较好效果的案例。

一、基本情况

徐某，男，17 岁，犯盗窃罪，刑期一年六个月。2007 年某月某日晚 12 时许，徐某用尖的手指甲割伤手臂的大静脉，被民警及时发现送医院救治。出院后进行心理咨询。经了解得知，徐某人际关系紧张，有绝食、争吵甚至打架等行为，劳动散漫，行为拖沓，对民警的多次批评教育置若罔闻。

通过摄入性谈话，心理咨询师了解到徐某不满一周岁时，其父母离异，随奶奶一起生活 12 年。父亲在其 12 岁时回家，从来不把他当人看，酒喝醉了就随意打骂他，曾有一次把他痛打一顿后扔到河里。他 15 岁离家出走,靠偷盗为生,直至被捕。他的第一次自伤行为发生在学校,因被老师罚跪产生撞墙的冲动。第一次自杀行为发生在被奶奶批评后,他把在暗中积存的一些感冒药一次性吞食,因及时被发现,送医院救治未酿成严重后果。第二次自杀行为发生在12岁那年,奶奶把他送到父亲处,结果被父亲一顿毒打后赶出家门,他跳河自杀未成。第三次自杀行为发生在女朋友提出分手时,他割喉自杀未成。第四次自杀行为发生在某某看守所,因不适应监禁生活,出现吞食塑料瓶盖、墨水等行为。第五次自杀行为发生在某某监狱,用尖的手指甲割伤手臂部的大静脉,被民警及时发现送医院救治。

　　徐某自诉,他时常有头痛和心悸等现象;常感到对做任何事都没有兴趣;经常感觉莫名的紧张和激动;与其他服刑人员关系紧张;有时又觉得前途一片暗淡,偶尔还有"想死"的念头,无法自我控制,觉得苦恼。心理咨询师运用客体关系心理治疗技术对其实施矫治。

二、咨询过程(核心片断)

　　第一阶段:允诺参与(建立咨询关系阶段)。

　　心理咨询师通过尊重、温暖、真诚、积极关注,特别是通情达理等咨询技术处理来访者的不适与焦虑。

　　……

　　来访者:当我还不满一岁的时候,父母亲就离婚了,父母从来没有管过我。我的父母是很自私的,我那么小,他们就舍得扔下我。一想到这些,我就恨他们。

心理咨询师:你小时候,父母就离婚扔下你不管,你感到不满、沮丧。这的确是令人难过的事。

来访者:我跟奶奶一起生活了十多年,她有时也会骂我、打我。我很伤心、难受。

心理咨询师:奶奶的打骂使你感到难过,有时还挺气愤!

来访者:我读初中一年级时,父亲不外出打工了,他回家后,不好好照顾我,还经常为一些小事打我,有一次他抓起我往河里扔。

心理咨询师:小时候的你,生长在一个争吵和粗暴的家庭环境中,使年幼的你时时刻刻生活在紧张中,父亲的责骂和惩罚,让你产生强烈的紧张、恐惧。但是那个时候年幼,没有办法和父亲抗衡,为了保护自己,你采取的行为方式就是自我折磨,你想通过这些方式换来父亲的鼓励和关爱,然而父亲却非打即骂,你为此感到痛苦、无助与无奈。

……

经历了这一阶段后,一是有力缓解了咨询初期徐某的负性情绪;二是使徐某的求助动机不断增强;三是商定了咨询目标:缓解徐某紧张、焦虑的症状,通过对原有思维模式和观念的心理分析,使他认识到产生自伤、自杀行为的深层心理原因,提高自我认知和自我调适能力。

第二阶段:投射性认同(投射性认同自然浮现阶段)。

……

来访者：周围的人不理解我。

心理咨询师：是你的错吗？

来访者：……（沉默，有些愤怒的样子）

心理咨询师：你想起了什么？

来访者：……我想到了伤害自己。

心理咨询师：你的童年快乐吗？

来访者：不快乐。

心理咨询师：你的家庭幸福吗？

来访者：我的生活缺少亲人的温暖和关怀，我十分厌恶这个家，我从小就有离家出走的念头。

心理咨询师：噢。

来访者：父母离婚了，父亲经常打我，周围的邻居、学校的同学也因为我是一个没妈的孩子而歧视我，学校老师经常批评我，因为学习成绩不好，我就弃学了。

心理咨询师：什么时候是你最快乐的时候？

来访者：当我打人或自我伤害时。

心理咨询师：这是一种什么样的感觉？

来访者：一种快感，似乎他们都被我牵着鼻子走，他们会有一种内疚感。也只有在这种时候，似乎父亲才会可怜我，奶奶也才更加疼爱我。

心理咨询师：你想通过这种方法使你的父亲有一种内疚感，并就此想

164

着能获得他们的关爱。

来访者：是的。他们越内疚，我内心似乎越舒服。

心理咨询师：你通过摧残自己使自己的感受好一些。

来访者：我不觉得这有什么错，被他人爱是每个人都渴望的。

……

徐某一次一次地自我伤残，目的是让亲人有一种内疚感，也抚慰自己脆弱的内心，正是这种内疚控制的投射性认同，使他的心理和行为变得异常。

第三阶段：面质与澄清（心理咨询师与来访者实质性互动阶段）。

……

来访者：只有这样做，我内心才感到踏实一点。

心理咨询师：只有在自我伤害的那一刻，你才会感到安全、舒适，你才会觉得自己有价值，是这样吗？

来访者：对，就是那样的感觉。

心理咨询师：其实，你完全不需要通过这种自我伤害的方式来减少痛苦感。

来访者：……（沉默，身体轻微地颤了一下，显得有些紧张）

心理咨询师：自我伤害是保护自己的一种手段，你已经习惯于这样的方式。

来访者:我只是需要亲人的关心,他们太不关心我了。妈妈抛弃我,爸爸打我,还把我往河里扔。(表情有些痛苦)

心理咨询师:没有亲人的爱,失去他人的关心,确实令人难受。

来访者:唉!(轻轻地叹气)

心理咨询师:可是你完全没有必要通过自我伤害的方式来慰藉自己。

来访者:……(长时间的低头不语,沉思状)

心理咨询师:以摧残自身健康的方式缓解痛苦,带来的只是一时的快慰。

来访者:也许确实需要有所改变。

……

在随后的一周,民警反映他的心境和精神状态有所好转,没有了当初的那种压抑和焦虑,性格也变得乐观一些。在这一阶段,来访者自己也感到在日常的改造生活中有了变化,他在周记中写道:"心理咨询使我更加深刻地认识了自己……"

第四阶段:解释与结束。

……

心理咨询师:在你的内心深处,有一种强烈的寻求爱的意识和愿望。

来访者:是的。

心理咨询师:你时常感受到被抛弃、被拒绝。你的自伤、自杀行为是以损害身体健康的方式寻求奶奶、父母亲爱护的无意识愿望的外在表达。从本质上说,你自伤、自杀的行为是你寻求保护的一种方式。

来访者:可是我以前没有认识到这一点,我只是觉得人们都不喜欢我,对我不重视。

心理咨询师:当然,人人都希望自己被接纳和喜欢。你觉得,你的想法需要改变吗?

来访者:我不清楚。

心理咨询师:你时常会有一种什么样的感觉?

来访者:亲人不爱我,同学欺侮我,老师批评我,总之,我不被别人喜欢,因此我毫无价值,我似乎不存在。

心理咨询师:如果你能放弃这种自我贬低的想法,那么情况或许就会改观。

来访者:嗯……(陷入沉思)

心理咨询师:你无法选择家庭,也无力改变环境,那怎么办呢?

来访者:……那就改变自己!(沉思许久说道,似有所悟)

……

从客体关系理论的角度分析,徐某的自伤、自杀行为,是其早年不良客体关系导致的结果。具体而言,是其与父亲及奶奶(母亲的替代角色,因其不满一岁时,母亲就与父亲离婚远他而去)等亲人在互动过程中形成的一种不良客体关系。在客体关系心理治疗过程中,心理咨询师的目的是使徐某在精神中的客体再外化,让其内在冲突再外化,从而减轻焦虑,消除其自伤、自杀的念头与行为。

通过近六个月的心理咨询,徐某在意识层面理解了他行为的操控性质,他使用自我毁灭的行为,实际上是为了获得他人对自己的关注和关心,究其实质是其早年没有能力与他人建立并维持令人满意的关系。由此,徐某的情绪逐渐好转,自伤、自杀行为逐渐消失,从一个具有自伤、自杀倾向的人员逐步转化为一个能基本适应改造环境、认真接受教育改造的服刑人员。

第四章　意象再造:助力寻爱的迷途羔羊

本章的心理咨询案例,从"基本情况""风险评估和咨询需要分析""方案制定与实施过程""效果评估与总结"四个方面入手,展示了咨询师运用心理咨询技术开展个案咨询活动的完整过程。

家庭亲情与关爱的缺失是本章案例来访者的一个共同特征,在渴望爱、寻觅爱的过程当中,他们陷入了心理困惑,迷失了人生方向,心理咨询师的工作就是用温暖的爱心与积极的意象①,帮助这些迷途的羔羊找回爱、找回人生。

---

① 广义上的意象概念,指心理咨询师的爱心可以化作其内心的积极意象,在心理咨询过程中温暖和滋养来访者。

第一节　积极意象产生积极情绪

服刑初期的罪犯,由于尚处在心理适应期,容易产生各种心理问题,出现焦虑、痛苦、抑郁、恐惧、怨恨等负性情绪。正确把握服刑初期罪犯的心理状况,及时对他们施以心理健康教育与心理咨询,有助于他们走好改造的第一步。案例"积极意象产生积极情绪"是心理咨询师成功矫治服刑初期心理适应不良罪犯的一则典型个案。

一、基本情况

服刑人员葛某,男,1998 年 5 月出生,高中一年级文化程度。家有父母及一个姐姐,均务农。2013 年因犯故意伤害罪,被判处有期徒刑两年六个月。入监一个月许,由于心理适应不良,他出现了焦虑、冲动、恐慌、忧郁等负性情绪,伴有兴趣减退和睡眠障碍,同时出现自虐自伤、打人伤人等不良行为表现。他主动寻求心理帮助。

二、风险评估和咨询需要分析

(一)危险性测评

水平评估量表(LSI-R)[1]测评得分是 43 分,属于"高度危险罪犯"等级;人身危险性(RW)检测得分 64 分,表明人身危险性较大;再犯罪可能性检测,刑罚体验(XT)简评表[2] 25 分,得分在第一区间,刑罚体验程度较浅,重新犯罪的可能性较大。

危险性测评综合评定:具有较大的暴力倾向和较高再犯风险,属重点咨询对象。

(二)心理测量

房树人测试的结果如图 4-1 所示。从测试看,葛某性格内向(整个画面不足测试纸的二分之一);内心封闭孤独(房门紧闭);安全感缺乏(房子下面画有一条地平线);有一种追求稳定和平衡的性格倾向(房子左右两侧画有对称的树);情绪不稳定(人体线条浓淡不一);对早年的创伤事件耿耿于怀、无法忘却,对自己的生活感到不满意(树干细小,没有树叶)。

焦虑自评量表(SAS)和抑郁自评量表(SDS):SDS 得分 66 分,为中度抑郁,SAS 得分 62 分,为中度焦虑。

---

[1]　何川、马皑:《罪犯危险性评估研究综述》,《河北北方学院学报(社会科学版)》2014年第 30 期,第 67—72 页。

[2]　宋行主编:《服刑人员个案矫正技术》,法律出版社 2006 年版,第 216—218 页。

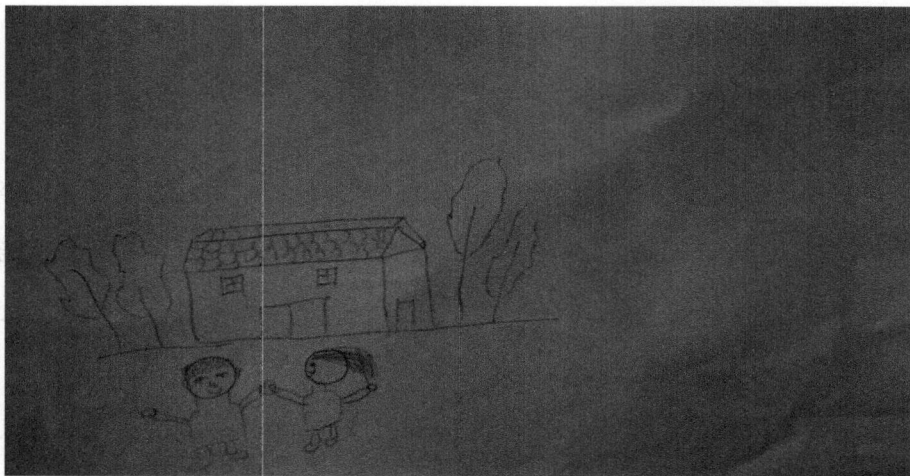

图 4-1　咨询之前葛某的房树人测验

　　心理测量综合评定：存在抑郁和焦虑的情绪，报复心强，行为冲动；存在相当大的监管安全隐患；具有情绪、行为和认知方面的咨询需要。

三、方案制定与实施过程

　　就咨询目标而言，根据葛某的心理特点、咨询需求、个性特征，心理咨询师与其一起制定了咨询的近期和远期目标。近期目标：化解内心冲突，消除不良的情绪和行为的症状；远期目标：满足咨询需要，消除再犯风险。

　　心理咨询师运用意象对话心理咨询技术对其实施心理咨询，以每周一次的咨询频率，在两个月的时间内达到了预期的咨询目标，效果显著。

（一）构建关系（第 1—3 次咨询）

心理咨询师了解到葛某家庭背景和早年生活事件。他的父母关系不好，常有吵闹甚至打架行为。他自小受到父母的打骂，尤其是父亲经常赌博输了钱回家就拿他当出气筒，使他备受煎熬。每次上学时没有家人接送，让他有一种被父母亲抛弃的感觉。

通过谈话了解到葛某存在的主要问题为：一是情绪冲动。他常常强烈地感觉到无法控制自己的情绪，内心烦闷不安，有一种无法自控的打人或虐待自己的冲动。曾与组长发生激烈争执并动手打了组长，受到一次性扣思想改造分 3 分的处理。二是心情抑郁。表现为情绪忧郁，兴趣减退。自入监以来，每个月至少有两到三次闪现不想活的念头。虽然没有自杀的勇气，但多次出现自虐自伤的举动，一次他用小型的习艺劳动工具敲击手背，致肌肉出血、皮肤红肿，另一次他用手指死死地卡住自己身体的手臂、大腿和胸口的肌肉，直到肌肉受伤作痛才罢手。三是情绪焦虑。他对自己的前途感到迷茫，担心刑释回归社会之后，父母亲会抛弃他，而迫使自己跟社会上的旧日同伴混在一起，重新走上犯罪的道路。晚上，他难以入睡，通常只能睡三四个小时，早上醒来精神萎靡。四是内心恐惧。他非常担忧将来刑满释放回到社会以后，受到同案犯（受自己指使作案的同案犯，后被自己揭发）的报复。

通过第一阶段的谈话，心理咨询师与葛某建立起了良好的咨询关系。葛某信任心理咨询师，愿意开放自己，分享自己的内心体验；咨询师也愿意陪护他、关心他、听他倾诉衷肠。

(二)初始意象对话(第4—6次咨询)

在意象对话心理咨询过程中,心理咨询师嘱其放松,通过想象,形成初始意象,并在层层指引下,诱导产生新意象,解决来访者深层的内心冲突:"沿着一条大路向前走,在路的尽头,有一座三层楼的旧房子。房子的门虚掩着,没有上锁,于是他进到屋内一看究竟。屋的中间摆着一张圆桌,右边堆放着一些铁器,左边的角落里还放着一张小木桌。屋内光线明亮,地面却有烟蒂等垃圾,小狗静静地趴在地上,若有所思。乳白色屋顶的角落里布满了蜘蛛网。二楼有一个大客厅,地面满是尘土,还凌乱地堆放着一些旧家具,脏而杂乱。三楼是一个杂物间,光线阴暗,里面也满是灰尘。于是他动手整理房间,开窗通风,从一楼到三楼清理一遍,虽然很劳累,但看着房间在自己的努力下变得窗明几净,平添了几分成就感。"

"不知何时,在三楼的杂物间,突然走出一个一身白衣的'女鬼',他非常害怕,与'女鬼'相隔10米,想跑却挪不开脚步,想与'女鬼'打斗,却无力举拳……过了许久,在一股神奇力量的帮助下,他的内心终于平静下来,走近'女鬼'看时,'女鬼'居然变成了自己的姐姐。两人相拥而泣,他向姐姐诉说自己所受的委屈和'苦难',内心由初始的难受变得愉悦……"

在这个过程中,蜘蛛、灰尘都是葛某内心焦虑的象征,而"女鬼"则是他内心抑郁的象征。在咨询师的引导下,葛某通过清理蜘蛛网,打扫灰尘,整理房间,改变"女鬼"形象,在潜意识深处对自己的"焦虑"和"抑郁"作了一次全面的清除。由于清除是在他潜意识深处不知不觉地进行的,所以效果出奇地好。咨询师引导葛某变消极意象为积极意象,着重解决了他的情绪冲动和抑郁问题。

之后,咨询师又对葛某做了一次房树人测验,如图 4-2 所示,从测验分析看,意象对话心理咨询的效果显现。与初次测验相比,葛某性情变得外向、开朗(画面占了纸张的二分之一以上),对自己的改造生活变得相对满意(树干粗壮,树叶繁茂),情绪变得稳定(笔墨线条深浅浓淡一致)。他的日常改造生活也因此变得富有活力了。

图 4-2　咨询之后葛某的房树人测验

(三)深入意象对话(第 7—9 次咨询)

通过第二阶段的咨询,葛某的睡眠质量明显改善,抑郁情绪和冲动行为也得到了缓解,但其内心的恐惧和焦虑一直挥之不去。为此,咨询师继续引导他进行深入的意象对话:"翻过一座山,又经过一个山洞,看到一片开阔的草地,草地的尽头是一条宽宽的河,河水清澈,上面有一座小桥,走过桥,沿着大路往前走,看到一座两层楼的房子,走近细看时,才发现原来是一家餐馆,它的旁边有一个公园,景色秀丽,里面还有一个供游人歇息的凉亭。走进餐馆,一楼明亮整洁的餐厅当中,摆放了很多的桌子和椅子,中间是一张可容十多人同时就餐的大圆桌,四边是一些能容四五人就餐的小方桌。餐厅的地面是大理石砌的,餐厅的门和顶古色古香,由上好的木料加工而成,其上雕刻的各色图案美轮美奂。"

"二楼也是餐厅,摆放着一排排整齐的餐桌,举目望去,看到地上和桌上有一些蟑螂在爬行,走近看时,这些蟑螂却变成了刀片,细细辨认才发现这些竟是同案犯用过的匕首,内心顿时一阵慌乱,害怕和恐惧之情油然而生……终于鼓起勇气,拿起匕首端详,才发现它并没有伤害性,原来都是一些没有开锋的刀子。餐厅的边上有一个卫生间,光线阴暗,满地流着污水。于是开窗通风,打扫清理。一只矮柜的角落里堆着一些废纸,仔细看时,废纸竟忽然变成了法院的判决书,开始并没有发现上面有自己的名字,正高兴之时,判决书竟自动翻到了最后一页,自己的名字赫然在目,一阵失望之后又觉得罪有应得……"

结束意象对话后,葛某说自己内心感到平静和惬意许多。在意象对话中,蟑螂、匕首、废纸和判决书都是他内心焦虑和恐惧的象征物。蟑螂、匕首是他担心将来刑满释放回到社会以后,受到同案犯报复的内心象征。

废纸和判决书是他担心自己的前途，担心回归社会之后，父母抛弃自己，而迫使自己继续跟社会上的旧日同伴厮混、重新犯罪的内心表达。在意象对话中，通过心理咨询师的深入引导，葛某对这些象征物进行了很好的处理，从而化解了内心的恐惧。

（四）结束谈话（第 10—12 次咨询）

在阶段性咨询即将结束时，咨询师对葛某又进行了一次意象对话："沿着马路前行，眼前出现一座庙宇，气势雄伟，他走进大殿，只见一尊尊全新的佛像一尘不染，煞是威严，令人肃然起敬。庙宇外面是一大片草地、一条小河、一座小桥，还有很多的桑树，风景很美，让人流连忘返……"

寺庙是人们精神得以安宁的场所。在这个意象对话中，呈现的庙宇和佛像，是葛某内心宁静祥和的象征，表明经过一段时间的心理咨询，葛某的内心已经起了积极的变化。在谈及改造规划时，葛某表示：第一，要积极争取减刑，早日回归社会，同时他又表示，不能只把早日减刑作为改造的唯一目标，而要以自己真正在思想上脱胎换骨，在心理上自我成长作为改造的最终目标。至此，通过周密细致的心理咨询，心理咨询师帮助葛某改善了心理状态，提升了改造的信心，使其对自己的改造目标有了明确的认识，为他日后的改造奠定了坚实的基础。

四、效果评估与总结

（一）测量评估。危险性检测方面，水平评估量表（LSI-R）得分 36 分，与咨询前比，降为"中度危险罪犯"等级。人身危险性（RW）检测得分 52 分，表明该罪犯人身危险性基本消除。再犯罪可能性检测，刑罚体验（XT）简评表 44 分，得分从第一区间的刑罚体验程度较浅，降到第二区间的刑罚体验程度一般，重新犯罪的可能性大为降低。

房树人测验见图 4-2，在此不赘述。焦虑自评量表（SAS）和抑郁自评量表（SDS）测量：SDS 得分 51 分，SAS 得分 50 分，焦虑和抑郁情绪得到初步缓解。

（二）自我评估。葛某表示，自己的心情得到了很大程度的放松，睡眠得到了较大改善，攻击冲动的意念消失殆尽。

（三）他人评估。民警反映，葛某的行为表现明显改观，抑郁情绪改善；恐惧和焦虑情绪消除，人际交往也有了较大进步，平时能尊重民警，遵守监规纪律，踏上了自觉改造之路。

（四）咨询总结。经过前述四个阶段的咨询，在进行了一般性谈话、房树人测验特别是经过意象对话后，心理咨询前其所呈现的四大问题一一得以化解，达到了预期的咨询目标，葛某的咨询需要基本得到满足，取得了预想的效果。

"积极、温暖的意象能产生积极的情绪"，意象对话等心理治疗技术是一种"下对下"的、在潜意识层面处理来访者心理问题的技术，具有"易被来访者接受、阻抗小、起效快、效果好"的特点，引导来访者产生积极的意象就能让其产生积极的情绪，对于易陷入抑郁和焦虑状态、服刑初期的罪犯具有良好的咨询效果。对于服刑初期有心理问题的罪犯，一定要及时提供心理咨询。这是他们最终脱胎换骨、改造成功的关键性因素。另外，心理调适成功之后，管教民警还要"趁热打铁"，及时帮助他们确立改造目标。

第二节　吞食异物却为寻求关爱

经典精神分析治疗与短程精神分析治疗都基于弗洛伊德创建的精神分析理论和治疗技术，但经典精神分析治疗比较多地涉及来访者深层人格层面的内容，因此是一种长程的心理治疗；而短程精神分析治疗，主要是针对来访者的焦点冲突，较少涉及其深层人格层面的内容，所以治疗的时间较短，一般每周一次，10—30 次为一个疗程。本例"吞食异物却为寻求关爱"记述了一个应用短程精神分析疗法，矫治一名焦虑情绪明显、具有神经症性心理问题的来访者，取得良好效果的案例。

一、基本情况

服刑人员朱某，男，1998 年 3 月出生，初中二年级文化程度，2014 年 12 月因抢劫罪被判处有期徒刑两年十个月。中等身材，申字形脸型。相貌端正，表情拘谨。

在看守所时，朱某曾有吞食异物（玻璃珠、塑料纽扣等）自杀、自伤与自残的行为，经抢救脱险。投入监狱服刑改造之后，他难以适应监禁生活，感觉改造生活太苦、太累,时有提心吊胆、惶恐不安的情绪,头痛、心慌、出汗的身体症状及坐立不安的行为表现,出现吞食大头针、塑料瓶盖、墨水等行为,被送到医院住院诊治。经抗焦虑药物治疗,焦虑症状有所缓解,但仍有吞食异物等情况。由于与组员①存在人际关系的矛盾与冲突,连续几次出现吞食异物的情况。民警反映,该服刑人员情绪低落,学习效率低下,习艺劳动欠产,晚上入睡困难。

二、风险评估和咨询需要分析

(一)危险性测评

水平评估量表(LSI-R),得分为 38 分,属于"中度危险罪犯"等级。人身危险性(RW)检测得分 57 分,说明人身危险性一般;再犯罪可能性检测,刑罚体验(XT)简评表 41 分,得分在第二区间,刑罚体验程度一般,重新犯罪的可能性一般。

危险性测评综合评定:具有一定的暴力倾向和再犯风险,属重点咨询对象。

(二)心理测量

焦虑自评量表(SAS)和抑郁自评量表(SDS):SDS 得分 63.8 分,提示中度抑郁,SAS 得分 60.6 分,提示中度焦虑。

---

① 同在一个小组改造的服刑人员。

艾森克人格问卷(EPQ)：精神质 55 分,内外向 44 分,神经质 65 分,掩饰程度 34 分,表明该服刑人员常常焦虑、担忧、郁郁寡欢、忧心忡忡,遇到刺激会出现强烈的情绪反应,会出现不理智的行为。

心理测量综合评定：该服刑人员具有强烈的抑郁和焦虑情绪,有发生突发性情绪失控和行为冲动的可能,存在较大的监管安全隐患;具有情绪、行为和认知方面的咨询需要。

三、方案制定与实施过程

根据朱某的心理特点、咨询需求、个性特征,心理咨询师与其一起制定了咨询目标。近期目标：化解内心冲突,消除抑郁和焦虑的情绪和吞食异物的行为症状,改善睡眠;远期目标：针对咨询需要,进一步消除再犯风险。

心理咨询每周一次,每次一小时,持续近三个月。在咨询过程中,运用短程精神分析技术,通过深入挖掘分析朱某情绪症状与自杀、自伤行为背后的深层原因,改善情绪,消除自杀、自伤与自残的行为。

(一)咨询阶段一(第 1—3 次咨询)

首次咨询时,来访者表现出强烈的咨询意愿。他表示吞食异物时身不由己,常常是不由自主的;时有头痛、心慌和不安的感觉,自己感到痛苦,迫切希望解决自己的问题。

咨询师充分运用真诚、共情和积极关注等方法技术,与他建立了良好的咨访关系。通过摄入性谈话,了解到朱某来自离异家庭,父母亲在其 5

岁左右就离婚了,他被判给父亲。5 岁以后,他再也没有见到过母亲,由于父亲外出打工,所以他也很少有机会见到父亲,因此他主要是与爷爷奶奶一起生活。他 7 岁上学,学习成绩一般,总感到在同学面前抬不起头,同学常常欺负他,感到老师也不够关心他。

(二)咨询阶段二(第 4—5 次咨询)

朱某以一种委屈的语气诉说他家庭生活的方方面面。他 7 岁上学,小学三年级时开始逃学,老师向家长(他的奶奶)反映情况后,他会遭到奶奶的批评。为此他时常感到痛苦,对做任何事都缺乏兴趣,情绪低落且易激怒,不信任他人,易与他人争吵,同时感到莫名的紧张、焦虑、恐惧,内心很痛苦,有时饮酒消愁,有时用烟头烙自己的手臂,对生活感到绝望。

朱某的父亲是一位农民,脾气古怪,动辄发火打人。他记得大约四五岁时,父母亲经常吵架甚至打斗。父亲性格粗暴,他很畏惧父亲,甚至不敢在父亲面前哭泣。现在长大了,有时还觉得很恨他。他的母亲也是一位农民,从小对他也是既打又骂,朱某非常讨厌她。在谈到交友情况时,朱某向咨询师讲述了他从初中一年级开始与同班女生谈恋爱和外出同居的情况。

(三)咨询阶段三(第 6—8 次咨询)

在这次会谈过程中,来访者一反常态,说话滔滔不绝,大谈在日常改造过程中的得与失,大谈他如何处理与其他罪犯的关系问题,觉得近段时期内对改造充满了信心,而对其自身存在的情绪与行为问题闭口不谈。咨询师感到来访者的这种多话,是心理分析过程中经常出现的一种阻抗。这种阻抗的原因可能来源于对暴露的恐惧或避免因回忆过去的经历给内心带来的痛苦。

来访者讲述了一个梦："一次在游泳的过程中,突然感到体力不支,在朋友的帮助下,才得以到达河对岸。"咨询师让他对梦中的一些场景进行自由联想。他的联想却很有限,仅觉得那个朋友有点像奶奶。咨询师对梦作了解释:游泳过河象征在日常生活中碰到的困难,梦中他突感体力不支,象征一种无意识的逃避。这样的梦提示他在日常生活中碰到困难和挫折时有逃避的倾向。

接下来的咨询有了很大的进展,朱某说对自己行为背后的深层意义似乎有了一些理解,感到轻松了一些。咨询师进一步指出来访者人格结构中的问题,以及家庭对其性格形成的影响,通过不断的修通,来访者终于对自己的问题有所领悟,变得可以和咨询师进行讨论了,表示下一次再讨论有关的问题。

(四)咨询阶段四(第9—10次咨询)

在进一步了解朱某人际交往情况时,发现他自小调皮捣蛋,在学校时是一名"差生",曾被语文老师怀疑偷同学的钱而在全班同学面前罚跪,后被证实是错怪。在家里,奶奶时常批评他而父亲常常对其毒打。每当痛苦难耐的时候,他就会暗中吞食药物(如感冒胶囊),每次几片或十几片不等,这些药物是他平时慢慢积攒下来的。有几次,因为他吞食药片太多出现危险而被送进医院救治。他说,每当药片下肚,内心就会有一种满足感和舒服感。

心理咨询师向他指出："你吞食药品的举动,目的是通过生病寻求亲人的爱护与关注,这种举动成了你应对困难、解除痛苦的无意识武器。"来访者似乎领悟了其中的道理,觉得心里有一种豁然开朗的感觉,表示以后不会再做类似的事情了,咨询师表示相信。

四、效果评估与总结

(一)测量评估。危险性测评方面,水平评估量表(LSI-R)得分 37 分,与咨询前比,降为"中度危险罪犯"等级。人身危险性(RW)检测得分 51 分,表明该罪犯人身危险性基本消除。再犯罪可能性检测,刑罚体验(XT)简评表 45 分,得分与咨询前比有所提高,提示其刑罚体验改善,重新犯罪的可能性进一步降低。

焦虑自评量表(SAS)和抑郁自评量表(SDS)测量:SDS 得分 51 分,SAS 得分 50 分,焦虑和抑郁情绪初步得到缓解。

(二)自我评估。朱某表示,睡眠得到了较大改善,吞食异物的想法已完全没有了。

(三)他人评估。民警反映,朱某的吞食行为消失,抑郁情绪改善;焦虑情绪基本消除,人际关系改善,睡眠正常,改造平稳。

(四)咨询总结。来访者感到咨询师温和可信赖,因此他的谈话自始至终都比较主动,症状和核心问题暴露都比较充分,心理咨询效果明显。半年后回访,朱某的自杀、自伤、自残行为彻底消失,改造基本稳定。民警反映，该服刑人员在改造上进步较大，年底被评为改造积极分子。

精神分析是探索人潜意识活动的科学，也是迄今在心理学范畴中影响最大的学说。精神分析着重对因个人内在矛盾所引发的冲突加以分析，通过持续的个人接触，帮助来访者澄清潜意识中影响其生活的部分，将来访者潜意识的动机提升至意识层面，让其明白自己产生负性情绪的真正原因，并领悟到自己内心的真正愿望是什么，从而达到消除症状的目的。

朱某过早地交友恋爱，发生性关系，是他用于控制早年分离体验，害怕失去父母的一种补偿方式。由于他采用了否认的心理防御机制，他对自身紧张和恐惧的原因模糊不清，最后只好选择自我伤害的方式来回避由超我惩罚所带来的焦虑。在对朱某的咨询过程中，咨询师通过真诚与共情，坚持中立的态度，一步一个脚印地帮助来访者在内心构造起积极温暖的意象，从而建立起安全感与信任感；通过挖掘无意识的愿望（强烈地寻求亲人爱护的内心深层愿望），使其情绪症状得到了改善，自杀、自伤与自残行为得到了消除，但其不良的人格品质（从自幼逃学、不信任他人、没有亲密朋友、酗酒行为表现出来的人格方面的问题）等的矫治是个艰巨的过程，他的人格方面的完善需要咨询师用更多的时间进行矫治。

第三节 认识领悟促转变

一般而言，心理咨询的工作对象是言语能力正常，患有一般心理问题、严重心理问题或神经症性心理问题的人，案例"认识领悟促改变"涉及的来访者是一名听障的服刑人员，属于心理咨询的特殊对象，心理咨询师运用认识领悟疗法，对其实施矫治，取得了非常满意的疗效。

一、基本情况

服刑人员广某，听障人士，男，16 周岁，小学三年级文化程度，会手语，中等身材，甲字形脸。因犯抢夺罪获刑两年六个月。来自农村，家境贫困，母亲早年亡故，与家中只有 40 多岁的父亲和一个十多岁的妹妹相依为命。自小听障，主要随父亲生活，幼时表现温顺乖巧，胆小怕事。

管教民警反映，当广某得知自己获得减刑七个月将被提前释放的消息后，出现行为异常，表现为绝食、随地躺卧、尿床尿裤、睡眠障碍、拒绝习艺劳动、人际关系紧张，怀疑别人要害他。

二、风险评估和咨询需要分析

(一)危险性测评

水平评估量表(LSI-R)测评,得分 37 分,属于"中度危险罪犯"等级。人身危险性(RW)检测得分 58 分,说明该罪犯人身危险性一般。再犯罪可能性检测,刑罚体验(XT)简评表 41 分,得分在第二区间,刑罚体验程度一般,重新犯罪的可能性一般。

危险性测评综合评定:具有一定的人身危险性与再犯风险,属重点咨询对象。

(二)心理测量

由于广某是一位听障人士,纸笔式交谈使整个心理测试过程显得异常困难,焦虑自评量表测量(SAS)、抑郁自评量表测量(SDS)和房树人测验(HTP)的整个过程,花费两个小时许。广某在整个评估过程中显得神情沮丧、情绪低落。测试结果显示:SAS 标准分 63.1 分,提示较重的焦虑情绪,SDS 标准分 53 分,提示轻度的抑郁情绪和中度的焦虑情绪。

房树人测验显示,房子的烟囱冒着浓烟,提示存在内心紧张的情况;树木描绘整体不和谐,提示存在焦虑不安、不稳定的情绪,行为容易发生混乱,心慌意乱。广某的症状提示精神障碍的疑似症状(如怀疑别人要害他等),由于他是个听障人士,且文化程度低,MMPI(明尼苏达多项人格测验)无法实施,因此咨询师运用纸笔式交谈,花了较长的时间澄清了症状详情,根据精神疾病诊断三原则,排除了广某精神异常(排除被害妄想、关系妄想等)的可能。

心理测量综合评定:该犯具有强烈的焦虑情绪,不及时咨询可能使心理问题严重化,甚至出现精神问题,存在较大的监管安全隐患;具有情绪、行为和认知方面的咨询需要。

三、方案制定与实施过程

根据广某的心理特点、咨询需求、个性特征,咨询师与其一起确定了咨询目标。近期目标:化解内心冲突,消除抑郁和焦虑的情绪和吞食异物的行为症状,并改善睡眠。远期目标:针对咨询需要,进一步消除再犯风险。因为他释放在即(减刑后只剩下两个月的刑期),所以需要在短期内迅速对其完成心理咨询。咨询师拟运用认识领悟疗法,通过深入挖掘分析其症状背后的深层原因(潜意识的症结),以每周两次的咨询频率,在短时间内消除其症状,促使其转化。

(一)咨询阶段一(第1—2次咨询)

初次谈话时,广某显得较为犹豫,在咨询师向他详细讲述了谈话的保密原则后,交谈才变得自在一些。当谈及其家庭情况,以往的学习、生活经历,以及他与家庭人员、以往同学和其他服刑人员的关系时,他显得较为主动配合。

在交谈过程中,咨询师了解到他的犯罪经过:伙同他人在某某市,趁受

188

害人开车转弯慢行之机，以一人敲车窗玻璃吸引注意力，另一人抢包的手法，劫得现金 11450 元及手机一只。家住某某市农村的他谈及家庭情况时黯然落泪。通过首次摄入性谈话，咨询师对广某的情况有了大概的了解。

第二次谈话时，咨询师试图找出广某症状背后的潜意识症结，主要是早年生活经验中的力比多固结以及初期焦虑。咨询师用真诚、温暖、尊重等方法与其共情，但与其建立良好的访谈关系十分艰难。每次一旦触及有关他症状的话题，他就出现莫名的回避和阻抗。咨询师尝试着让他做沙盘游戏，也被他毫不客气地拒绝。每当此时，他就告诉咨询师："你放了我吧，你们怎么都不肯放过我。警官和组员为什么都不肯放过我？"之后，他就拒绝交谈。第二次交谈提早结束，良好的咨访关系无法建立，咨询师面临前所未有的挑战。

（二）咨询阶段二（第 3—5 次咨询）

这几次的交谈，咨询师特地邀请了特殊教育学校的王清（化名）老师一起参加。广某与王老师之间用手语沟通，交谈非常顺畅。广某告诉王老师，自从自己的减刑公示后，组员就用一种异样的眼光看他，想要害他，想把他的减刑材料撤回来，因为以前他曾与某某等组员有过几次不愉快。很明显，广某内心被"一种深深的恐惧"缠绕着。

广某告诉王老师，他非常害怕刑释后回家，担心生活无处着落，给家庭带来新的困难。他还告诉老师，经过与咨询师的前几次谈话，他感觉好一些了，并表示不再绝食，会遵守监规，好好改造。按照经验，对他这样的表态,咨询师还是将信将疑。果然,当天晚上他进了食,但第二天各种症状依然如故。显然,"这是一种典型的刑释前焦虑",咨询师似乎对广某的症状有了更深层的认识。

在随后几次的谈话中,咨询师注意到广某在与特殊教育学校老师的交谈中,显示出从未有过的激动和兴奋。"也许这是他入监服刑改造以来第一次真正意义上的'谈话'。"咨询师就此获得灵感,决定向他学一点简单的手语,同他进行"谈话"。这或许是进行共情的最好办法,是与他建立良好咨访关系的有效途径。在这两次交谈中,咨询师没有深入症状,更没有深入其潜意识的症结,完全是一次向来访者学习手语的过程,虽然学得很吃力,但看着他慢慢地对咨询师产生信任,咨询师还是感到很欣慰。

(三)咨询阶段三(第6—9次咨询)

广某的症状虽然依然如故,但咨询师对解决他的问题开始有了信心。因为通过纸笔交谈与手语根本无法完成意象对话心理咨询,于是咨询师决定采用认识领悟疗法对他进行一次尝试。直觉告诉咨询师,广某的症状隐含着一种退行。广某遇到难以解决的、应对不了的困境(担心减刑材料由于组员的告发而撤销,担心刑释后无力面对生活)而无法适应时,便不自觉地退行到幼儿期,用幼年时的行为方式解决当前的困难。

认识领悟疗法认为:"病症的根源在于儿童时期受过的精神创伤,这些创伤引起的恐惧在脑内留下的痕迹,在成年期遇到挫折后就会再现出来影响人的心理，以致必须用儿童的态度，去对待本来不值得恐惧的事物。"①由于症状都是幼年时期经历的恐惧在成人身上的再现，因此其表现必然带有幼稚性，具有不成熟的儿童式的心理表现。根据认识领悟疗法的原理，咨询师将交谈的重点放在反复与来访者讨论、分析他当前行为的幼稚性方面。通过连续三次，每次两个多小时的交谈，来访者似乎对自己的问题有所觉悟。咨询师感到欣慰，但对于他症状的彻底改变，依然没有十足的把握。

（四）咨询阶段四（第 10—12 次咨询）

在做完前三个咨询单元之后，广某的症状确实有所改变，最大的变化就是他愿意进食了，睡眠也有了明显的改善，但依然有躺坐地面、尿裤尿床的行为，并拒绝习艺劳动。当咨询师再次去找他谈话时，只见他依然坐在地上，尿湿了裤子却不肯换，身上散发出一股臭味。

由于前几次的交谈中双方建立了良好的咨访关系，或许是对前几次的讨论有所领悟，在最后几次的交谈中，来访者显得自然流畅。咨询过程中，咨询师时而用纸笔，时而用简单的手语同他交谈，他显得格外开心，咨询师与他谈了很多，话题主要是围绕着他的症状，围绕着他当前行为的幼稚性（孩子般要求照顾的各种异常行为）。咨询师尝试着使他领悟到，他的这些情绪和行为是一种幼儿时期的心理和行为模式，规劝他"放弃"幼年的行为

---

① 曹硕：《中国本土化心理治疗方法的当代史研究》，硕士学位论文，黑龙江中医药大学，2010。

模式,鼓励他用成人的行为模式代替,使心理成熟起来。最后一次咨询时,咨询师提示他不再尿裤,不再坐地,并参加习艺劳动。广某似乎突然领悟了什么,对于咨询师的要求,他都一一承诺。临交谈结束时,他用手语向咨询师表示感谢,咨询师也感谢他的信任。直觉告诉咨询师,他这次真的能彻底改变了。

咨询结束后的次日回访,广某不再尿床尿裤并开始习艺劳动。在习艺劳动现场,咨询师同他进行了简短的手语交流,他显得格外精神也格外开心。咨询师知道他又重新步入了正常的改造轨道。约两周后,他被减刑释放。

四、效果评估及总结

(一)测量评估。危险性检测方面,水平评估量表(LSI-R)得分 27 分,与咨询前比,降为"低危险罪犯"等级。人身危险性(RW)检测得分 51 分,表明该罪犯人身危险性基本消除。再犯罪可能性检测,刑罚体验(XT)简评表 45 分,得分与咨询前比有所提高,提示其刑罚体验改善,重新犯罪的可能性进一步降低。

焦虑自评量表(SAS)和抑郁自评量表(SDS)测量:SDS 得分 50 分,SAS 得分 52 分,焦虑和抑郁情绪初步得到缓解。

(二)自我评估。来访者用手语说,一切都变得好了,周围的人都变得友好了,正愉快地盼望释放日子的到来。

(三)他人评估。绝食、随地躺卧、尿床尿裤、睡眠障碍、人际关系紧张等一系列情况都消失了，并重新开始习艺劳动。

（四）咨询总结。广某遇到难以解决的、应付不了的困境（担心减刑材料由于组员的告发而被撤销，担心刑释后无力面对生活）而无法适应时，便不自觉地退行到幼儿期，用幼年时的行为方式来解决当前的困难，是一种退行行为。咨询师通过学习手语，运用认识领悟疗法，通过同理心等一系列心理咨询的方法和技术，走进了广某的内心，取得了他的信任，并使他领悟到了其行为背后的心理实质——退行，从而促使他消除了症状，顺利减刑出狱。

认识领悟疗法是由钟友彬于 20 世纪 70 年代运用心理动力学疗法的原理，在治疗强迫症、焦虑症、恐惧症的临床实践中总结出来的一种短程的心理治疗方法，也称"钟氏领悟疗法"。认识领悟疗法的理论强调每个人的童年经历都会形成"幼稚的心理模式"，大多数人随着年龄的成长会逐渐趋于成熟，形成"成熟的心理模式"，能够很好地适应成年人的工作、生活和学习。但是因为某种原因和特殊经历，这种"幼稚的心理模式"没有向成熟发展，一直延续到成年，或者在成年后因为某种诱因从"成熟的心理模式"退回到"幼稚的心理模式"，那么就会对成年人产生影响，出现一般心理问题和各种心理障碍。

认识领悟疗法的治疗侧重于分析症状的"幼稚性"，治疗的重点不是回忆、挖掘幼年症结或初期焦虑的具体事件，而是和来访者一起就症状中显露出来的童年情绪和思维行为模式，用启发式谈话反复讨论分析，使其逐渐认识并领悟到症状是幼稚的、儿童式的，"病根"是成年人仍然停留在"幼稚的心理模式"上。当来访者知道症状的真意后,一旦能够站在成年人的立场上看清自己症状的幼稚性,就会产生顿悟的效果,顽固的症状在短时间内就会明显减轻或消失①。

　　在本案例中,咨询师通过对个案的科学分析,找出了引起来访者主要症状的初期焦虑,通过层层启发,和来访者一起讨论分析症状的性质,使他认识到病态情感和行为的幼稚性,领悟到这些感情与行为是幼年儿童的心理和行为模式,与他的实际年龄和身份是不相称的,从而使来访者主动放弃了这些想法和行为。本案例同时表明,咨询师只要怀着一颗真诚的心,帮助来访者创造出积极、温暖的内心意象世界,即使是面对听障人士,同样会收到良好的效果。

第四节　"爸爸妈妈不要我了"

一、基本情况

　　服刑人员章某,男,1995 年 3 月出生,小学五年级文化程度,2012 年

---

　　①　钟友彬、张坚学、康成俊等:《认识领悟疗法》,人民卫生出版社 2012 年版,第192—193 页。

12月至 2013 年 5 月间,伙同他人在某市多次采用暴力手段强行劫取他人财物,被判处有期徒刑六年。家中还有父母亲和一个妹妹,均在老家务农。

管教民警反映,章某性格暴躁、自暴自弃,对前途充满迷茫与困惑,抗拒劳动,还与其他服刑人员时有摩擦、冲突与争执(如摸别人的生殖器惹是生非),多次违反监规狱纪。早醒和入睡困难的情况持续月余。

二、风险评估和咨询需要分析

(一)危险性测评

水平评估量表(LSI-R)测评,得分 43 分,属于"中度危险罪犯"等级。人身危险性(RW)检测 66 分,说明该罪犯人身危险性大。再犯罪可能性检测,刑罚体验(XT)简评表 28 分,得分在第一区间,刑罚体验不深,重新犯罪的可能性较大。

危险性测评综合评定:具有一定的暴力倾向和较高再犯风险,属重点咨询对象。

(二)心理测量

焦虑自评量表(SAS)和抑郁自评量表(SDS)测量:SDS 得分 63 分,提示中度抑郁,SAS 得分 60 分,提示中度焦虑。

艾森克人格问卷(EPQ)测量:精神质 54 分,内外向 45 分,神经质 66 分,掩饰程度 35 分,提示章某焦虑、担忧、郁郁寡欢、忧心忡忡、认知偏激,遇到刺激时有强烈的情绪反应,会产生不理智的行为。

心理测量综合评定:该犯具有强烈的抑郁和焦虑情绪,有突发冲动行为(如严重冲突甚至打架斗殴)的可能性,存在较大的监管安全隐患;有情绪、行为和认知方面的咨询需要。

三、方案制定与实施过程

根据章某的心理特点、咨询需求、个性特征,咨询师与其一起确定咨询目标。近期目标:化解内心冲突,消除抑郁和焦虑情绪,消除冲动性,并改善睡眠。远期目标:初步解决咨询需要,进一步消除再犯风险。咨询师拟采用沙盘游戏治疗技术,以每周两次的频率开展心理咨询活动,以确保其刑满释放前能够达成咨询目标。

(一) 第一次咨询

章某双眉紧锁、低着头,犹豫着进了咨询室,一副正襟危坐的样子,显得十分紧张。当咨询师问及他的家庭情况时,他显得非常配合,并主动讲了自己的犯罪经过。

咨询师:"从小与爸爸和妈妈生活在一起吗?"(接受心理咨询的罪犯,与父母的关系通常不好,从小也多为单亲家庭或留守儿童。咨询师猜想他也有这样的情况,所以这是首先要弄清的)

来访者:"母亲生下我后一个月,就外出到浙江温州打工。那时我二姨妈正好生下小表哥,奶水很多,于是我就同小表哥一起吃二姨妈的奶水。

随后，我和爷爷、奶奶一起生活，由他们抚养。5 岁之前，爸爸妈妈从来都不回家，因此，我也就从未见到过自己的爸爸妈妈，我与他们只有简单的电话联系。"

咨询师："电话联系是你和爸爸、妈妈之间唯一的情感纽带。"

来访者："是这样的。在电话里，我管他们叫'姑父'和'姑娘'，不叫他们爸爸和妈妈。"

咨询师："你心里是怎么想的？"

来访者："当时，我心里想：'我是个坏孩子，所以爸爸妈妈不要我了。'"

咨询师："你心里挺难受的。"

来访者："是啊，这些事让我在别人面前抬不起头。"

咨询师："嗯。"

来访者："我自小生性顽皮，所以经常受到爷爷的责打，记忆中至少有 20 多次吧，现在想起来还有点害怕，说实在的，我挺怕我爷爷。我的奶奶是小学老师，她挺护着我的，使我免受了许多皮肉之苦。"

咨询师："那段时间，奶奶是你最可以亲近的人。"

来访者："5 岁那年我被接到浙江温州，来到爸爸妈妈的身边。"

咨询师："你开始与爸爸和妈妈一起生活了。"

来访者："与爸爸妈妈生活在一起的头两年里，我还是管他们叫姑父、姑娘。"

咨询师："同他们还有一种生疏感。"

来访者："就是那样的感觉。"

197

来访者:"我在温州上学,因为不爱读书,又常与同学打架斗殴,小学三年级时就被学校劝退,为此,爸爸想方设法替我不断地转校,我几乎读过温州市区的每一所小校,最后才勉强小学毕业。"

咨询师:"你不喜欢读书,同学关系也处不好。"

来访者:"记得小学四年级时,因为抄同学的作业被班长告发,与班长打架。这是我第一次打架,从此打架成了我的'家常便饭',一发不可收拾。"

咨询师:"时常怒气冲冲。有过开心的时候吗?"

来访者:"有啊,比如有一次,我与高年级的同学一起去网吧上网,就觉得很开心。"

咨询师:"嗯。"

来访者:"我与他一起上网,有时也同他们一起偷东西,那段时间,觉得挺开心。可是很不幸,好景不长,这些事情很快被老师知道了,告到了爸爸妈妈那里,当时心里直发怵。"

咨询师:"觉得运气不好,被发现后,还有些害怕。"

来访者:"是啊,不过父母亲没有打我,只是妈妈从此不上班了,特意休息在家,把我给看管了起来,除了上学,就不让我外出。"

咨询师:"从此日子就很难过。"

来访者:"一天天熬着过日子,有一天妈妈出门打麻将去了,我于是偷了妈妈的钱溜之大吉,到网吧上网去了。"

咨询师:"去网吧过了把网瘾。"

来访者："爸爸妈妈见管不住我,就把我'遣返'到老家去,途中我趁机'逃跑'离家出走,找到昔日'好友'一起生活,后来跟着他们实施抢劫被捕。真是非常后悔。"

咨询师："后悔不该离家出走,更后悔与昔日'好友'为伍干了坏事。"

来访者："最近反复做同一个梦。"

咨询师："嗯。"

来访者："梦见自己走在路上,非常地疲惫,走着走着好像前面没有路了……突然出现一座房子,里面摆着一张床,我躺在床上感觉挺舒服的,当快睡着的时候,只见房子变得越来越小了,把我压得透不过气了,于是就惊醒了。"

咨询师："这个梦带给你怎样的感觉?"(章某的梦反映了他内心压抑的情绪,咨询师就此作进一步了解)

来访者："特难受,特焦虑。这让我想起与现在的小组长相处不好的一些事情,我总认为,他做的很多事是故意针对我的,所以不论他讲得对或错,我一概不听,我心里对他特别不服,想同他对着干,还想着要去打他。"

首次咨询结束时,章某留意到了心理咨询中心的沙盘游戏治疗室,咨询师及时向他介绍了沙盘游戏,并约好下次咨询时做沙盘游戏。沙盘游戏并不是对所有的来访者都适用,来访者的态度、情绪状态、性格类型、心理发展阶段、自我力量都会对沙盘游戏有影响。对于沙盘游戏,不同的来访者会有不同的反应:有些人对沙盘游戏会有好奇心和强烈的兴趣,有些人则想尽量避开,如面露不悦和身体紧张,有些人则会直白地告诉咨询师,这是小孩子玩的游戏,自己不想做。所以,对于沙盘游戏治疗,咨询师一般遵循来访者自愿的原则,随其自由选择。事实上,有些来访者,比如具有强迫性人格特质及行为的人,就难以从沙盘游戏治疗中获益,对于这些人就需要选择其他更适合他们的心理咨询技术进行治疗。只有来访者具有治疗动机,能够进行自我反省而且愿意进行沙盘游戏治疗,治疗的效果才会显著。

(二)第二次咨询

根据约定,咨询师将章某领到了沙盘游戏治疗室,一边把双手插入沙盘搅动沙子,向他展示如何使用沙盘,一边向他解释可以通过翻开沙子露出蓝色的箱体底部,用来模拟河流、海洋和天空。他静静地站在放满沙具的沙盘架子前,面对几千个沙具,足足凝视了十多分钟,似乎与沙具进行着默默的交流。咨询师告诉他:"这是沙箱和沙具,你可以利用沙也可以利用沙具,创造任何你想要的东西,并且可以在任何时候改变自己的创作。"

在咨询师的引导下,章某开始沙盘创作。只见他先是用手轻轻地抚摸了沙子,像是要体验一下沙盘是否安全,随后就从沙盘架子上开始挑选沙具。他毫不犹豫地在沙架上抓了一大堆贝壳,然后细心地将它们摆放到沙盘的左下位置(沙盘左上和右下对角线的下方),接着他在贝壳中清出一块蓝色的箱底作为大海,并将鳄鱼、龟、船和撑船的老人放入海中,将垂钓的另一位老人和一些男女人偶、一幢房子、一只螃蟹和一些棕榈树摆放在海滩上，如图 4-3 所示。

接着他向咨询师解释，大海的沙滩上有许多贝壳。大海里面有许多鳄鱼和其他海鱼。那个撑船的老人像是自己的爷爷，他有危险，因为鳄鱼正从背后靠近他，而他竟浑然不知。章某说，海边的垂钓老人像是以后老年的自己。海滩的左上方有一幢房子，是垂钓老人住的房子。沙滩上有许多人在散步，他们分别像自己的同学、舅舅、二妈和妈妈。当然还有两个陌生人。其中的一个贝壳下面藏匿着一只很大的螃蟹。

图 4-3　第一次沙盘作品（来访者角度）

咨询师：“整个作品中，你感觉最好的是哪个部分？”

来访者：“那幢房子。”

咨询师:"噢。"

来访者:"给我一种很安全的感觉。"

咨询师:"整个作品,你印象深刻的区域在哪里呢?"

来访者:"海中的船只和船只中的老人。"

咨询师:"它给你的感受是什么呢?"

来访者:"危险。鳄鱼想吃掉他,可是海滩上的人都救不了他。"

咨询师:"你想到什么了呢?"

来访者:"我想到我小的时候(5岁前),爸爸和妈妈只是与我电话联系,他们在电话里会要求我听爷爷奶奶的话,当时我心里非常反感和讨厌,心里想:你们是我的什么人,又不来看我,我又不认识你们,为什么还要求我这么多!"

咨询师:"你当时挺气愤的。"

来访者:"他们真是多管闲事!"

咨询师:"你很不喜欢他们来打扰你。"

来访者:"非常讨厌他们。5岁那年,他们来接我时,我抓着被子不肯走,当时内心害怕极了,像是自己要被拐卖了。"

咨询师:"担心会发生不好的事情。"

来访者:"后来跟他们生活在一起时,爸爸经常打我,所以我对爸爸特别讨厌。现在的小组里,觉得新组长没经验,所以也是讨厌和反感他,不听他的话。"

咨询师:"组长的管理方式让你想起爸爸对你的教育。"

来访者："不过我很服从老组长的管理。"（他笑了）

咨询师："是啊。这会让你想起爷爷小时候对你的教育吗？"

来访者："嗯。"（他又笑了，会心的笑容中，他似乎觉察到了什么）

咨询师："给你的作品取一个什么名字呢？"

来访者：（思考片刻）"那就叫《回忆》吧。通过沙盘游戏让我想起了曾经发生过的却又似乎遗忘了的一些事情。"

(三)第三次咨询

经过前两次的心理咨询，章某的表现变得好了些。这让咨询师感到很欣慰。

这次，章某一开始就在沙盘的左上角挖了一个大海，里面放了很多的鲸鱼。海的四周放置了很多的树，其中两棵树的中间有两个游客坐在沙滩上，另两棵树的前方放了一组沙发，沙发上坐着四个男女游客。大海的右侧放置了一个门栅、三幢房子和两辆小汽车，如图 4-4 所示。这次摆放他一气呵成，中间没有太多的犹豫，全程大概只用了 20 多分钟的时间。

章某介绍说，大海的一边是一家人围坐在一起吃水果，心情愉悦。大海的前面有三家宾馆，其中一家的阳台上有个游客，眼露惊奇，宾馆的入口处有一块广告牌，下面是一条通往宾馆停车场的马路。他把这个作品取名为"开心"。他说，一家四口围坐在一起，觉得很温馨很开心。

　　咨询师:"对那位男游客你有怎样的感受?"

　　来访者:"觉得奇怪。"

　　咨询师:"他让你想到了谁呢?"

　　来访者:"觉得是另一个自己。"

　　咨询师:"对这次沙盘游戏你有什么感受?"

　　来访者:"觉得挺放松的,感觉挺好。"

　　咨询师:"有需要改动的地方吗?"

　　来访者:"没有要改动的地方了,这样挺好的。"

图4-4　第二次沙盘(来访者的角度)

　　这是一幅相对温馨的画面,在咨询师的陪护下,来访者通过沙盘游戏,内心有了一丝改变,在咨询师看来,他对家庭的渴望和接纳程度提高了,原先对父母的抱怨在减少。他已不再过多地谴责家庭、谴责父母、责怪他们的无情,他似乎理解了父母亲的无奈与苦心。

这是他改变的开始。他的内心渐渐有了对生活的热爱、对家的依恋、对父母亲情的渴望,以及热爱父母的情感。心中有爱,是一个人发生改变的基础。

(四)第四次咨询

经过前两次的沙盘游戏治疗,章某的日常改造表现有了明显好转。

在这次的沙盘游戏治疗中,章某呈现了一幅全家团圆的场景,沙盘的左上角放置了三幢房屋、四个沙发和一大盆的水果,他说这是一家人团聚在自家的院子里分享美味的水果,心情格外开心。院子的右侧有一个大门和栅栏与外界分开。沙盘的右侧是一个消防队员救火的场景,救护车、消防车和消防队员正在奔赴火灾现场的途中,行人正排着队有秩序地过马路,如图 4-5 所示。

咨询师:"有需要改动的地方吗?"

来访者:"我想再放一些人物。"

章某随后对画面作了些微调:在那个火灾现场·多了一批持枪的武警把守。他告诉咨询师,由于救援及时,火灾很快消除,没有人员的伤亡。他给本次作品命名为"救援"。

　　当咨询师问及他近一周的改造表现时，他说："一周以来过得很顺，以前看不惯的人和事，突然就能够接纳和理解，对一些事已经不那么纠结了。"他表示不少问题已经得到解决，自己在各方面都有了好转，同时表示期待下次的沙盘游戏治疗。

图 4-5　第三次沙盘（来访者的角度）

（五）第五次咨询

　　章某按约定时间来到了沙盘游戏治疗室，这次的沙盘作品创作，他用了足足 45 分钟时间，摆放沙具时显得特别精心细致。沙盘呈现了一伙匪徒劫持学校人质的场景。随后，他又对初始场景进行了调整：警车和警用直升机出动，控制了局面，救护和医护人员也迅速到达了现场，开展施救。

匪徒被逮捕到了警局,学校又恢复平静,大街上出现结婚车队和新郎新娘结婚(来访者对此感受很好)的场景,如图 4-6 所示。

咨询师:"你对作品中哪个区域感觉最好?"

来访者:"对结婚车队和新郎新娘结婚感觉最好。"

咨询师:"有你自己在作品中吗?"

来访者:"没有。"(他犹豫了一下,不易察觉地微微点头并轻声地说)

咨询师:"是吗?"(咨询师捕捉到了他的非言语信息,进一步问他)

来访者:"有。就是那个新郎。"(他显得有点兴奋)

咨询师:"你渴望有一天成为同他一样的人。"

来访者:"是啊,我希望自己能早日出狱,过上美好的生活。"

咨询师:"给他取个名字吧。"

来访者:"那就叫'珍惜'吧。"

临结束时,他告诉咨询师,通过沙盘游戏治疗,自己的改造生活有了许多改变,心情也开朗了许多。

图 4-6　第四次沙盘（来访者的角度）

(六)第六次咨询

这次来到沙盘游戏治疗室时,章某显得情绪有点低落,但对于做沙盘游戏倒反而显得有点迫不及待,咨询师的话音刚落,他便快步冲到沙架前飞快地开始挑选沙具。大概 40 分钟后,他摆出了一幅主题为"天网恢恢"的沙盘作品,如图 4-7 所示。沙盘被分成了左右两个区域,右边呈现了贩卖军火的黑社会老大;左边呈现了一队前来捉拿黑社会老大的警察。在摆放恐龙和枪支的时候他有点犹豫不决,先是挑选了一群恐龙,考虑再三后,选择摆放了一群鳄鱼。

图 4-7　第五次沙盘（来访者的角度）

咨询师："你对本次沙盘作品的感觉如何？"

来访者："给力，觉得很高兴。"

咨询师："高兴？"

来访者："是的。"

咨询师："黑社会老大为非作歹，被警察抓住了，觉得很高兴。"

来访者："对作品中最满意的部分是'一队警察'这片区域，印象深刻的是那个黑社会老大和他的儿子。"（他用手指着说）

咨询师："这让你想到什么？"

来访者："我想起上周在小组发生的一件事情。当时大家正在看电视，其中一个组员王某（强奸罪，四年刑期）说电视里的女主角不好看，另一个组员周某有不同的看法，于是他们两人争论了起来，我帮周某参与他们的争论，结果组员王某把这事报告给了值班警官。为此，周某和我受到了口头警告处分，这让我很没有面子，使我最近在警官面前树立的好印象又毁于一旦。由此让我想起今年7月份，我曾因打架被一次性扣3分的事，我又想起8月份因文化考试不及格被扣0.5分的事情，所以到今天为止我已被扣3.5分的考核分。"

咨询师："一想起这些事就让你心烦意乱，是吗？"

来访者："是的，可是当我摆完这个沙盘，就变得不那么烦了。"

沙盘呈现的两种力量的较量，正是章某内心攻击性的对外投射，正是这种投射减轻了他的焦虑情绪。

(七)第七次咨询

这次咨询的前一天，正好是狱部开展家长进监帮教活动的日子。章某原本期待父母会进监探望自己，结果希望落空，他感到很失望，以至于晚上迟迟不能入睡：9点上床，11点以后才能勉强入睡。

在沙盘游戏治疗时，他显得有些无从下手，不时在沙架前驻足，拿起一个沙具又放下，挑了又挑，选了又选，有些六神无主、不知所措的样子。咨询师在旁边默默地陪伴着，约10分钟以后，他淡定了许多，开始从容地挑选沙具进行沙盘作品的创作，如图4-8所示。

图 4-8 第六次沙盘（来访者的角度）

只见他先在沙盘的右中偏上的位置摆放了一座寺庙，接着用栅栏围了一个寺庙的院子，院子里放进各种汽车和摩托车，还放入了两名和尚。寺庙外，沙盘的右上方摆了一尊佛像，众人正在拜佛；沙盘的左上角位置，摆了两棵树，呈现了众和尚听音乐的场景；沙盘的左下方位置，放了一座桥和三个亭台，几个和尚或在河中洗澡，或在挑水与担水。

咨询师："给作品取个名字吧。"

来访者："快乐的一天。"

咨询师："有需要调整的地方吗？"

来访者："有。"

调整时,章某把和尚提水和洗澡的场景去掉了,将一帮学生和一对新人放进了寺庙中,将一些鱼放进了桥下的河里。

咨询师:"感受上有什么不同吗?"

来访者:"通过谈话和沙盘游戏让自己领悟到一些东西,比如能认识到自己的不足了,而不是一味地认为都是别人的错。"

咨询师:"嗯。"

来访者:"我突然觉得我能够理解我父母亲了,他们昨天没有能够来探望我,我想可能事出有因,或许家里有临时的急事走不开,也可能是火车票未能买到……总之,有多种可能让他们无法成行,而不是父母亲不要我了,把我抛弃了。我现在想明白了。"这正是章某内心一个很大的突破,是他心理成熟的开始。

(八)第八次咨询

这次,章某并没有急着做沙盘游戏,他与心理咨询师进行了交谈。

咨询师:"想说些什么吗? 想到什么就说什么,这样才对你最有帮助。"

来访者:"最近三周以来,总体过得还比较顺,只有一次在小组跟其他组员开玩笑,争抢食物吃,被警官发现受到了批评。与那个发生矛盾的组员至今还没说过话,觉得同他讲不来,但又想跟他说说话。"

咨询师："你有同他进行交流的愿望。"

来访者："是啊，只是一旦与他说话，又控制不住自己，开玩笑开过头了，惹得他生气。"

咨询师："你对他开不起玩笑的行为嗤之以鼻，又对开玩笑的事感到担心。你还担心，如果开玩笑过头，他会报告警官，使警官重新对你产生不好的印象。最近一段时间，你都在致力于改变自己，你很害怕会前功尽弃。"

来访者："真是这样，那我该怎么办呢？"（他自言自语地道）

沙盘很快做完了，他把自己的作品命名为"机器人展示会"。沙盘正中间是一个机器人展示场馆，场馆两边的门分别有两个人把守着，不让人随意进出。场馆的两侧是大马路，路上有众多行人，如图 4-9 所示。

图 4-9　第七次沙盘（来访者的角度）

213

　　咨询师："此刻你想到什么呢？"

　　来访者："我至今还没跟那个'曾与自己开过玩笑的学员'说过一句话。"

　　咨询师："至今都没有说过一句话。"

　　来访者："我就是喜欢跟人开玩笑，喜欢与人亲密无间的感觉，不然就觉得很无聊，就像沙盘中的机器人一样，没有感情，没有生机。"

　　咨询师："渴望与人有亲密的交往。"

　　来访者："是的，那样多好啊。"

　　咨询师："亲密关系正是你所缺少的，也正是你所需要的！你喜欢招惹别人，甚至通过去抚摸别人的生殖器招惹别人，也是想表达内心对亲情的渴望吗？"

　　来访者："或许是吧。早年在家时，爸爸妈妈外出打工，留自己一个人在家里，感到无聊和害怕。"

　　咨询师："孤独害怕的感觉。"

　　来访者："是的。5岁以后我回到父母亲的身边之后，父母亲还是忙，他们没有时间同我说说话，其实我内心是想与他们说说话的。在家里我的确挺孤独，打游戏时就没有这样的感觉了。"

　　咨询师："嗯。"

　　来访者："爸爸平时对我很凶、很严厉。他会时不时地批评我，每当那个时候，我会跟他争吵几句，但更多的是一个耳朵进一个耳朵出。"

　　咨询师："你不喜欢爸爸的教育方式。"

来访者："从小我由爷爷奶奶抚养,5岁后才回到爸爸妈妈身边,生活中爸爸做得并不好,有时我对他特别反感。"

咨询师："但有时也特别想亲近他,是这样吧?"

来访者："有点。"(他迟疑了一会儿说道)

男孩子在其年幼时,如果长时间感受不到父爱,接触不到父亲,就会产生一种对生活的无方向感、无目标感。为了能与父亲有深入的言语交流和情感沟通,有些小男孩会在有意无意间采取偷盗、打架等反社会的行为方式引起父亲对他的关注。有些还不惜伤害自己,以赢得父亲的关注。章某对其父亲的反感,是渴望与父亲有亲密关系的反向形式。指出他想与父亲亲近的想法并让他有所体会,对他是有帮助的。

男孩子在成长过程中既需要父亲精神和思想上的滋养,也需要母亲的情感性呵护。他们一方面从温暖、细腻的母爱中获取满足感和安全感,另一方面也需要通过模仿父亲的言行来使自己成长为男人,需要从父爱中寻找未来生活的方向。章某的父母迫于生计,以"挣钱"为理由忽视孩子,甚至于5岁前将他全部交由爷爷奶奶教育和管理,显然不利于他的健康成长,是造成章某走上违法犯罪道路的原因,也是他心理问题的根源。

章某的父母亲并不懂得这一点,母亲没能够成功地承担起"呵护者"的角色,父亲没有能够成功地承担"榜样者"的角色。他们错误地认为物质的满足能够替代一切,殊不知,父母亲的言行和思想都会深刻地、潜移默化地影响孩子,父母亲的情感关怀和言传身教才是孩子茁壮成长的阳光雨露。

（九）第九次咨询

这一次的沙盘游戏，章某一口气做完，用了不到 20 分钟的时间，呈现了一个众人追赶歹徒的场景：沙盘的中心位置放了很多的花草树木，四周是栅栏，沙盘的上边放置了一个手持凶器的人，他的四周围满了人；左右两边的马路，站满了警察，其中还有救护车和一些交通隔离墩，如图 4-10 所示。

图 4-10　第八次沙盘（来访者的角度）

章某："这是一个街心公园，一个实施抢劫的歹徒正被众人围困，众人正想上前捉拿他，警察及时赶到了，歹徒无处可跑，于是束手就擒。"

咨询师："想到什么呢？"

来访者:"联想到自己做的一个梦。"(章某开始滔滔不绝)

咨询师:"梦。"

来访者:"是的,昨晚梦见与同案犯一起抢夺骑车人的场景。"

咨询师:"想起了自己犯罪的情形。"

来访者:"梦中被自己追的人,像是以前自己第一次用刀捅的人。那个人是网吧老板女儿的网友。在网吧时,因为言语不和发生争执,要打他时,对方跑了,于是我和朋友们开车追,追上后用刀捅了对方的后背,因为当时刀拔不出来,还伤了自己的手,于是弃刀逃跑,为此几天不去网吧,最后还是被警察抓了,并赔了对方一些钱。我想,如果没有这样的事,一定会与网吧老板女儿好下去,因此心里对那个人(被自己捅的人)充满怨恨。"

咨询师:"梦见被你用刀捅过的人。"

来访者:"那是我第一次拿刀伤人,从此以后,我就经常做这样的事,也因此拜了社会上的老大哥,与他们一起混。我觉得从此自己变了一个人。"

咨询师:"你对他还心怀恨意。"

来访者:"是啊。我很快就要释放了,或许是担心自己会重新犯罪吧。我再也不能干这样的蠢事了。"(他喃喃自语地说着)

这次咨询的效果在于他回忆起了第一次伤害别人的场景,使他有机会重新审视自己的犯罪行为,激起了他"浪子回头金不换"的决心。

(十)第十次咨询

从管教民警那里了解到,自从接受心理咨询以来,章某的改造表现有了较大的进步。这次心理咨询开始时，他首先谈了自己对心理咨询的感受，他说："心理咨询使我体会到：人与人相处要保持适当的社交距离。"这也正是他的问题之一，即"与人相处没有界限"，如去碰触别人的生殖器、与人开玩笑开过头等行为。

　　本次咨询，章某呈现的沙盘别具特色：沙盘的中间放置了很多的花草树木，是一个小区的大公园，边上有停车场、救护车和消防车，马路上放学、下班回家的各色行人络绎不绝，如图 4-11 所示。

图 4-11　第九次沙盘（来访者的角度）

　　咨询师："你给作品取一个什么名字呢？"

　　来访者："取名'美好家园'吧。"

　　咨询师："看得出你心情挺愉快的。"

来访者："是啊,我想起昨天父亲来接见的事,中秋节快到了,家里事多,所以妈妈没有来探望我,虽然如此,但我还是挺高兴的。接见时,我向爸爸要以前自己在 QQ 空间的照片,我请他早日打印出来,用快递寄给我。"

咨询师："确实让人开心。"

来访者："最近因为改造表现好,民警还特地给我多开了大账①,享受了与别人不一样的待遇,对我鼓励挺大的。"

咨询师："最近表现特别好。"

章某："以前我不太喜欢习艺劳动,可是最近不知怎么,我越来越喜欢习艺劳动了。一是可以多拿改造积分,二是为出去谋生培养了技能。"

咨询师："喜欢劳动了。"

来访者："现在与组员的关系也特别好。与那个曾开玩笑过头的组员也开始说话了,觉得挺开心的。"

咨询师："对沙盘中哪个区域的感觉最好呢?"

来访者："对正走在路上回家的行人感觉最好。"

咨询师："渴望回家的感觉。最近你的生活发生了一些什么变化呢?"

来访者："警官们的关心、教育终于使我迷途知返,让我看到了生活的希望,现在我能认真参加狱部组织的'三课'学习,在职业技能教育中选择了电脑技术培训,通过勤学苦练获得了初级上岗证书,我对以后的生活充

---

① 大账,指日常用品和食品等。

满了信心。"

四、效果评估及总结

（一）测量评估。危险性检测方面，水平评估量表（LSI-R）得分 27 分，与咨询前比，降为"低度危险罪犯"等级。人身危险性（RW）检测得分 50 分，表明该服刑人员人身危险性基本消除。再犯罪可能性检测，刑罚体验（XT）简评表 43 分，得分与咨询前比有所提高，提示其刑罚体验改善，重新犯罪的可能性进一步降低。焦虑自评量表（SAS）和抑郁自评量表（SDS）测量：SDS 得分 46 分，SAS 得分 47 分，焦虑和抑郁情绪缓解明显。

（二）自我评估。睡眠得到了明显的改善，周围的人特别是组长都说他变化很大，他感到很高兴，觉得原来与组长关系不好，不都是组长的错。他对前途不再迷茫与困惑，也没有了"破罐子破摔"的想法。

（三）他人评估。管教民警反映，近一个月以来，抗拒劳动，与其他服刑人员发生摩擦、冲突与争执的情况没有了，也没有出现其他违反监规监纪的情形。

（四）咨询总结。上述关于咨询过程的介绍是片断的，有些地方只能意会而不能言传，因为沙盘是另一种"意象对话"，是一种无声的"意象对话"。或许这样会让读者觉得不够明白，可是，但凡咨询师自己的解释与理解都不是来访者的，来访者才是咨访关系中的主体。

沙盘是一个心的世界，一个人真实的内心世界的默然投射。在沙盘游戏的整个咨询过程中，咨询师要做的很少，更多的是无条件的关注和默默陪伴，但这并不是说，咨询师就此变得很轻松，相反，这对咨询师的要求会更高。一是咨询师要用心感受沙盘，用心体会沙盘的"意象语言"，并更多用无声的语言、温暖的意象（咨询师的能量场）去和来访者进行共情和互动。这需要咨询师具有丰富的人生阅历和渊博的"文史哲地"知识，然而这还不是最紧要的。心理咨询的实践表明，要成为一名合格的心理咨询师，"修身养性、明心见性、做一个精神明亮的人"才最要紧。只有这样，咨询师才能用内心的光芒照见来访者的心灵，使他们得到"阳光雨露"的滋养；也只有这样，咨询师才能帮助来访者在他们内心创造出积极、温暖的意象，促使其心灵得到成长。

由于监狱心理咨询工作的特殊性，并且服刑人员要接受出监教育、入监教育以及思想、文化及职业技能教育，而他们的刑期长短各异，余刑还可能不长等，因此对他们的心理咨询与矫治，心理咨询师通常采用短程咨询的方法（每周一至两次，每次 50～60 分钟，一般三个月左右的时间），以确保一个相对完整的过程。本章的四个咨询案例，咨询时间基本在三个月之内。

罪犯心理问题群体中，认知偏激、情绪抑郁、焦虑、性情暴躁、行为冲动、睡眠不良、抗拒劳动的情形普遍存在。本章所选四个案例中的来访者，都不同程度地存在上述心理行为异常，颇具代表性和典型性。从特殊性上看，四个案例中的来访者各具特征：案例一，恐惧心理较为突出；案例二，具有吞食异物的特殊症状；案例三，涉及一位听障的特殊对象，且有精神障碍的疑似倾向，症状复杂；案例四，自暴自弃的思想和心理明显。咨询师分别采用了意象对话、短程精神分析、认识领悟、沙盘游戏等技术对他们实施心理咨询。表 4-1 和表 4-2 显示,在咨询之后,来访者产生了温暖的内心意象、积极的情绪情感与良好的外部行为表现,心理咨询疗效显著。

表 4-1 心理咨询前后来访者心理测评对照一览

项　目		案例一	案例二	案例三	案例四
量表测评 (咨询前)	SDS	66	63.8	53	63
	SAS	62	60.6	63.1	60
	LSI—R	43	38	37	43
	RW	64	57	58	66
	XT	25	41	41	28
量表测评 (咨询后)	SDS	51	51	50	46
	SAS	50	50	52	47
	LSI—R	36	37	27	27
	RW	52	51	51	50
	XT	44	45	45	43

表 4-2 心理咨询前后来访者心理特征对照一览

项　目	案例一	案例二	案例三	案例四
综合评定 (咨询前)	中度抑郁和焦虑情绪,较大的暴力倾向	中度抑郁和焦虑情绪,较大的危险性	强烈的焦虑情绪和发展成精神问题的可能性	中度的抑郁和焦虑情绪,行为冲动
服刑人员自评 (咨询后)	心情放松,冲动消失	吞食异物的想法消失	周围的人变得友好	与人相处变得自然
咨询师评定 (咨询后)	负性情绪消失,人际关系改善	吞食异物的行为消失	绝食、随地躺尿等行为消失	没有再出现违规违纪等情况

按照弗洛伊德的理论,无意识是一口承载了未被察觉情绪的大锅。精

神动力性心理咨询与治疗的目的，就是冒险进入这个神秘的领域，追溯到它们的本初形态。在心理咨询与治疗的过程中，心理咨询师引领并陪伴着来访者，或应用梦与意象，或运用沙盘游戏，或实施房树人测验，或进行认识领悟，觉察无意识这口大锅，使来访者领悟到早期被压抑的欲望和幻想的真实存在，在不知不觉中找寻到早年被压抑的需求和欲望。这个过程是神圣的，需要心理咨询师持续不断地付出无私的爱，并把这种爱传递给来访者，当来访者自己也成为爱的源泉，自己成为爱、创造爱的时候，他的思想就会得到净化，心灵就会获得成长——他的灵魂就此得以升华。

致谢

Acknowledgement

　　此书的编撰，承蒙浙江省未成年犯管教所原政委方昌顺、戴相英，原所长方剑良、胡忠南、刘利明、裘佳其等领导的关怀与支持，以及张怀仁、钟明德、徐小强、周荣瑾、蒋小霞、姚俊翔等同仁的帮助。

　　此书的编撰，承蒙浙江警官职业学院顾金法书记、周敏华院长、钱美兰书记、严浩仁（教授）副院长、杜凤雷主任及徐祖华副院长的关怀与支持。承蒙刑事司法系主任殷导忠教授，副主任陈鹏忠、张崇脉教授，马立骥、邵晓顺、吴新民、郭晶英教授的支持与指导，以及心理矫正教研室薛珮琳、叶俊杰、朱华军、高斐、高亭、韩华、赵颖等老师的许多帮助。

　　此书出版得到了浙江警官职业学院科研经费的部分资助，学院学术委员会主任孔一教授及科研处处长周雨臣教授、袁霞老师给予了大力支持。本书的出版还得到了浙江体育职业学院运动心理系主任胡桂英教授、浙江建筑职业学院学生心理健康指导中心原主任邢静南的帮助与指导。

　　孔一、陈鹏忠、张崇脉、郭晶英等教授对书稿提出了许多宝贵意见和建议，使得本书的结构更为合理，逻辑层次更为严密。

　　此书编撰期间，得到了我妻子杭建丽女士、女儿张怡聪与女婿游乾坤的支持，他们承揽了大量的家庭生活事务。其间，正值外孙女游书径出生，读研的女儿张怡聪一方面帮我校对文稿,一方面又承担了养育婴儿的繁重事务,正是他们的协助才使得本书能够如期顺利完稿。

我母校慈溪中学的校友、浙江大学出版社副编审、社科出版中心副主任陈佩钰女士,对本书的出版提出了许多宝贵的意见与建议,并给予了鼎力支持,使得本书能按时付梓,同时也感谢浙江大学出版社社科出版中心的葛超作为本书的文字编辑所付出的努力。

在此,对上述人士一并致以由衷的谢意!同时,也衷心感谢在我撰写此书过程中,其他所有给予我指导、帮助的师长和朋友们!

张　权

2023 年 2 月于杭州

参考文献

一、著作类

[1] C. G. 荣格. 荣格文集：梦的分析（上）[M]. 长春：长春出版社，2014.

[2] Rogers C R. On Being A Person[M]. Boston：Houghton Miffin，1961.

[3] 博伊科，等. 沙游治疗：心理治疗师实践手册[M]. 田宝伟，等，译. 北京：中国轻工业出版社，2012.

[4] 蔡应明. 犯罪预防学[M]. 上海：上海三联书店，2010.

[5] 戴相英，等. 未成年人犯罪与矫正研究[M]. 杭州：浙江大学出版社，2012.

[6] 戴相英，等. 技术建构价值[M]. 杭州：浙江大学出版社，2016.

[7] 弗洛伊德. 弗洛伊德文集 3：性学三论与论潜意识[M]. 长春：长春出版社，2010.

[8] 弗洛伊德. 精神分析引论[M]. 彭舜，译. 西安：陕西人民出版社，1999.

［9］高玉祥.健全人格及其塑造［M］.北京：北京师范大学出版社,1997.

［10］老子.道德经［M］.李若水译评.北京：中国华侨出版社,2014.

［11］林崇德.发展心理学［M］.北京：人民教育出版社,2016.

［12］卢勤.卢勤谈如何爱孩子［M］.西安：陕西师范大学出版社,2008.

［13］逯宏编.易经一日一解［M］.哈尔滨：哈尔滨出版社,2006.

［14］论语［M］.黄朴民译注.合肥：安徽文艺出版社,2021.

［15］罗杰斯.罗杰斯著作精粹［M］.刘毅,钟华,译.北京：中国人民大学出版社,2006 年.

［16］马志国.心理咨询师实用技术［M］.北京：中国水利水电出版社,2005.

［17］迈克尔·尼南,温迪·德莱顿.认知行为治疗：100 个关键点与技巧［M］.孙玲,杨钰琳,杨洋,等译.北京：化学工业出版社,2017.

［18］默恩斯,索恩.以人为中心心理咨询实践［M］.刘毅,译.重庆：重庆大学出版社,2010.

［19］牛勇.人本主义疗法［M］.北京：开明出版社,2012.

［20］全国卫生专业技术资格考试用书编写专家委员会.心理治疗学（师、中级）［M］.北京：人民卫生出版社,2018.

［21］邵晓顺.服刑人员心理矫治［M］.杭州：浙江大学出版社,2018.

［22］申荷永,高岚.沙盘游戏：理论与实践［M］.广州：广东高等教育出版社,2004.

［23］宋行.服刑人员个案矫正技术［M］.北京：法律出版社,2006.

[24] 王长虹,丛中.临床心理治疗[M].北京:人民军医出版社,2012.

[25] 吴鹏森.犯罪社会学[M].北京:社会科学文献出版社,2008.

[26] 吴宗宪.中国服刑人员心理矫治[M].北京:法律出版社,2004年.

[27] 吴宗宪.犯罪心理学总论[M].北京:商务印书馆,2018.

[28] 习近平.之江新语[M].杭州:浙江人民出版社,2007.

[29] 肖钢.道论[M].上海:上海三联书店,2014.

[30] 张天布.冲突背后的冲突[M].广州:广东旅游出版社,2019.

[31] 张同延,张涵诗.揭开你人格的秘密:房、树、人绘画心理测验[M].北京:中国文联出版社,2007.

[32] 张学超.罪犯矫正学概论[M].北京:中国人民公安大学出版社,2011.

[33] 中国就业培训技术指导中心,中国心理卫生协会.国家职业资格培训教程:心理咨询师(基础知识)[M].北京:民族出版社,2012.

[34] 中国就业培训技术指导中心,中国心理卫生协会.国家职业资格培训教程:心理咨询师(三级)[M].北京:民族出版社,2012.

[35] 钟友彬,张坚学,康成俊,等.认识领悟疗法[M].北京:人民卫生出版社,2012.

[36] 周易[M].杨天才译注.北京:中华书局,2016.

[37] 朱建军.爱本来可以不这样痛苦:意象对话心理咨询札记[M].太原:山西人民出版社,2010.

[38] 朱建军.回家:越走越快乐:回归疗法入门[M].北京:文化发展出版

社,2016.

[39] 朱建军.释梦[M].合肥:安徽人民出版社,2009.

[40] 朱建军.我是谁:心理咨询与意象对话技术[M].北京:中国城市出版社,2001.

[41] 朱建军.意象对话心理治疗[M].北京:北京大学医学出版社,2006.

二、论文类

[1] 曹硕.中国本土化心理治疗方法的当代史研究[D].黑龙江:黑龙江中医药大学,2010.

[2] 陈四军.短程精神分析治疗抑郁症[J].中国健康心理学杂志,2007(1).

[3] 何川,马皑.罪犯危险性评估研究综述[J].河北北方学院学报(社会科学版),2014(30).

[4] 李俊茹,刘惠军.意象对话技术及其在抑郁症心理咨询中的应用[J].中国临床康复,2005(16).

[5] 林涌超,李雅文.短程精神分析治疗恶劣心境1例[C]//首届中青年心理卫生学者学术研讨会论文集,2006.

[6] 史彤玮.意象对话技术在成人依恋测量中的应用[J].科技创新导报,2010(10).

[7] 徐慧,侯志瑾,黄玉.共情与真诚:对罗杰斯三个不同时代案例的内容分析[J].中国临床心理学杂志,2011(2).